Hans von Chlumberg

Wunder um Verdun

Dreizehn Bilder

Hans von Chlumberg: Wunder um Verdun. Dreizehn Bilder
Erstdruck: Berlin (Fischer), 1931.

Veröffentlicht von Contumax GmbH & Co. KG
Berlin, 2010
http://www.contumax.de/buch/
Gestaltung und Satz: Contumax GmbH & Co. KG
Druck und Bindung: Books on Demand GmbH, Norderstedt

ISBN 978-3-8430-5173-6

Inhalt

Den Gefallenen des Weltkrieges

[Motto]

Und die Hand des Herrn kam über mich
Und ließ mich nieder mitten auf ein Feld,
Das voll von Gebeinen war ...
– – – – – – – – – – – – – – –
Und der Herr befahl:
»Sprich über diese Gebeine:
Ihr dürren Gebeine!
Höret das Wort des Herrn!
Siehe,
Ich will euch beseelen,
Daß ihr lebendig werdet:
Nerven will ich euch geben
Und Fleisch über euch wachsen lassen.
Mit Haut will ich euch überziehen
Und Atem euch schenken,
Damit ihr wieder lebet ...«
Und ich tat, wie mir geheißen.
Da erhob sich ein Donnern
Und ein Rauschen,
Und es regte sich:
Gebein näherte sich zu Gebein –
Ein jegliches zu seinem Gliede.
Nerven und Fleisch kamen über sie,
Und Haut zog sich darüber.
Leben aber harten sie noch nicht ...
Da sprach der Herr zu mir:
»Sprich nun zum Wind, Menschensohn:
Eile herbei von den vier Enden, du Wind!
Und bewehe diese Erschlagenen,
Auf daß sie wieder leben!«
Und ich tat, wie mir geheißen.
Und der Wind bewehte sie,
Und der Wind belebte sie.
Da lebten sie
Und erhoben sich auf ihre Füße:
Ein großes, sehr großes Heer ...

Erstes Bild

Personen.

Vergnügungsreisende verschiedener Nationalität, die Teilnehmer einer der täglich von Cook und anderen Gesellschaften veranstalteten Autocar-Expeditionen zum Besuch der Schlachtfelder an der Marne, in den Argonnen, um Verdun. Darunter:

Smith
Jackson, Amerikaner

Sharpe
Marshall
Miß Greeley
Dorothy
Violet, Engländer

Verron
Mme. Verron
Remusat
Lerat
Mme. Lerat
Mme. Duvernois, Franzosen

Dr. Paetz
Frau Paetz von Henkel
Frau von Henkel
Fritzchen
Brohl
Spärlich
Heydner, Deutsche

Pillwein, Österreicher

Alter Italiener

Junger Italiener

Alter Japaner

Junger Japaner

Erster Pfarrer

Zweiter Pfarrer

Mazas, Expeditionsführer

Vernier, Friedhofswärter

Waldblöße in den Argonnen: Ein kleiner Soldatenfriedhof

Den Hintergrund – ein weites Gräberfeld – durchschneidet, sich nach rechts und links verlierend, eine mit Gräbern besäumte Allee.
In der Mitte eine eingezäunte Rasenfläche, die ein steinernes Kreuz auf nahezu mannshohem Sockel
trägt: Ein Massengrab.
Beiderseits des Massengrabes, zu dem gekieste Wege führen, gleichfalls Gräberreihen.
Die Gräber rechts haben Kreuze aus lichtem, die links solche aus schwarz gestrichenem Holz.
Im Vordergrund eine Allee. In der Mitte ein eiserner Ständer mit der Tafel: »Guide – Fremdenführer«. Eine Bank, etliche Stühle.
Das Tor (unsichtbar) in der Vordergrundallee links. Hier befindet sich auch die (unsichtbare) Pförtnerwohnung.
August 1939 – fünfundzwanzig Jahre nach Ausbruch des Weltkrieges.

*

Die Gräber sind mit Blumen geschmückt. Auf dem Sockel des steinernen Kreuzes liegen zwei mächtige Kränze mit Schleifen in den deutschen Reichsfarben und in denen der Trikolore.
Im Hintergrund arbeiten einige Gärtner in Hemdärmeln. Sie gießen die Blumen und kehren die Wege.
Vernier, der invalide Friedhofswärter, Stock, verwittertes Käppi, inspiziert die Gräber und überwacht die Arbeit.
Am Tor, in der Vordergrundallee links, wird kräftig

die Schelle gezogen.

MAZAS *Anfang der Dreißig, hübsch, schlank, Vorstadtelegant, in Dreß, Mütze mit den goldgestickten Initialen »D. & Cie.«, ruft, unsichtbar bleibend, von links.* Alloh! Alloh! Vernier! Alloh!

MEHRERE *unsichtbar bleibend, manche davon mit englischem Akzent.* Hallo! Alloh! Aufmachen! Öffnen! *Sie rütteln am Gittertor und ziehen heftig und anhaltend die Schelle.*

VERNIER *knurrend.* Hol euch der Teufel! *Er stapft dem Tor entgegen.* Wer ist dort?

MAZAS. Ich, Mazas! Reisegesellschaft von Durmont et Compagnie. Hatten einen Radbruch. Mach auf, Vernier!

VERNIER *im Hingehn.* Wozu bist du noch gekommen, Mazas? Weißt du nicht, um wieviel Uhr geschlossen wird? Kein Einlaß mehr! Fahr nach Hause, Mazas!

VIELE *unsichtbar.* Was? Wie? Was sagt er? Kein Einlaß? Warum nicht? Wieso nicht? Aufmachen! Aufmachen! *Sie rütteln am Tor.*

VERNIER *ist links verschwunden.* Ladies and gentlemen, ich bedaure es sehr, aber es ist längst geschlossen. Auch Cook kam zu spät und mußte wieder fort, ohne besichtigt zu haben.

VIELE. Was redet er da? Was geht uns Cook an? Wir haben bezahlt! Aufmachen! Aufmachen!

GREELEY *hagere, vertrocknete Institutsvorsteherin, entrüstet.* O-hh! Wir wollen sehen diesen Friedhof! Wir haben bezahlt einen sehr guten Preis!

MAZAS. Sprich nicht lang herum, Vernier, und mach auf. Die Damen und Herren werden sich erkenntlich zeigen ...

VERNIER. Also – für zehn Minuten, meine Damen und Herren. For ten minutes, ladies and gentlemen. *Ein Schlüssel knirscht im Schloß, ein Tor kreischt in den Angeln. Die Reisegesellschaft tritt ein. Viele sind in Sportkleidung und haben Feldstecher oder photographische Apparate umgehängt.*

JACKSON *derber Kaufmannstyp, erbost.* Wir haben gar keinen Grund, uns erkenntlich zu zeigen diesem old boy; denn wir haben uns schon sehr erkenntlich gezeigt Ihrer verdammten Gesellschaft!

Die Ausflugteilnehmer, nach Nationen in Gruppen geteilt, beginnen, sich über den Friedhof zu zerstreuen.
Man tritt an die Gräber, versucht die Kreuzinschriften zu entziffern, studiert den Baedeker und Karten oder rüstet zu einem kurzen Picknick. Die Mehrzahl schart sich um die Tafel »Guide – Fremdenführer« und wartet.

Heydner, ein hochgewachsener Mann, Mitte der Vierzig, mit geistigem Gesicht, hält sich abseits. Er
ist in den Anblick des Friedhofes versunken. Später begibt er sich zum Massengrab und läßt sich, mit dem Rücken zu den ändern, auf einer Bank davor nieder. Er bleibt dort allein.
Verron und Mme. Verron, ein altes Ehepaar, sind damit beschäftigt, auf einem Grab mit lichtem Kreuz die Blumen zu ordnen.
Der junge Italiener versucht, sich Violet zu nähern, was Violet mit lebhaftem Interesse, Miß Greeley mit eisiger Abwehr beobachtet.
Pillwein bummelt von einer Gruppe zur andern und wird überall freundlich aufgenommen.

GREELEY *hält Mazas einen Prospekt unter die Nase.* Da! In Ihrem schönen Prospekt steht gedruckt, daß man wird einnehmen in diesem Ort im Hotel eine kleine Erfrischung nach Wahl. Aber Ihr Prospekt lügt! Ich habe mich gefreut die ganze Fahrt auf die kleine Erfrischung nach Wahl. Ich wollte einnehmen eine Eiscreme. Aber wir sind vorbeigefahren bei dem einzigen Hotel, ohne zu halten für die Eiscreme.

MAZAS. Madame muß das entschuldigen. Aber morgen wird auch hier die Heldengedenkfeier abgehalten. Fünfundzwanzig Jahre seit Kriegsausbruch ... Das Hotel ist für die deutschen und französischen Regierungsdelegationen reserviert. Der deutsche und der französische Kriegsminister sind darin ab gestiegen ... Sogar die Zufahrt ist abgesperrt. Ich wundere mich, daß wir bis hierher gekommen sind. Und es ist eine Chance, daß man uns noch eingelassen hat ...

JACKSON. Chance? Haben wir bezahlt unsere Ticketts oder nicht? Yes, wir haben bezahlt. Wieso also Chance? Ich nenne Chance, wenn wir nichts hätten bezahlt und man hätte uns eingelassen *Beifall bei den Amerikanern.*

PILLWEIN *ist herangebummelt.* Ah, entschuldigen schon. So ist das nicht. Er hat recht. Eine Chance ist da schon dabei ...

MAZAS *dankbar.* Nicht wahr, mein Herr? Der österreichische Herr hat Einsicht! Die Österreicher sind eine sehr liebenswürdige Nation. Was immer man ihnen sagt – sie sehen es ein.

PILLWEIN *zeigt auf Mazas.* Eine Chance nämlich für ihn. Er erspart sich heut die Eiscreme. *Bummelt weiter.*

VERNIER *tritt in die Mitte der Wartenden. Nach und nach finden sich auch die andern – mit Ausnahme Heydners – ein.* Ladies and gentlemen! Sie befinden sich hier in der Ortschaft »Petit-Cimetière« in den Argonnen. Hier fanden, besonders in den Jahren 1916 und 17, äußerst schwere und verlustreiche Kämpfe statt.

JACKSON *Notizbuch in der Hand.* Stop. Wieviel Soldaten sind hier gefallen?

VERNIER. Das läßt sich nicht genau sagen, mein Herr ... Ich denke, es werden zehntausend gewesen sein ... Vielleicht sogar fünfzehntausend! Es waren jedenfalls sehr verlustreiche Kämpfe, mein Herr.

JACKSON. Zehntausend, fünfzehntausend. So. *Pause.* Im vorigen Jahr, wir waren in Flandern. Dort hat man uns gezeigt Schlachtfelder, wo gefallen sind – vierhunderttausend! Sechshunderttausend! In einem einzigen Jahr!

REMUSAT *und die andern Franzosen blicken sich um.*

LERAT *etwa Fünfzig, Offizierstyp, scharf.* Fahren Sie doch fort!

REMUSAT *im gleichen Alter, mittelgroß, schlank.* Warum lassen Sie sich denn unterbrechen?

VERNIER. Vor dem Kriege existierte dieser Ort nicht. Er hat sich erst nach und nach um diesen Friedhof gebildet und besteht nun aus einer Kirche, einer Anzahl von Gehöften und aus dem Hotel. Das Hotel, ladies and gentlemen, ist mit dem modernsten Komfort eingerichtet und bildet seiner zentralen Lage wegen den Mittelpunkt für die Friedhofsexkursionen in den Argonnen und um Verdun ... Deswegen sind auch der Herr deutsche und der Herr französische Kriegsminister, die zur morgigen Heldengedenkfeier erschienen sind, darin abgestiegen. Meine Damen und Herren! Sie haben sicherlich schon viele Soldatenfriedhöfe gesehen. Aber kaum einen wie diesen ...

JACKSON. Stop. Wieviel Gräber hat Ihr Friedhof?

VERNIER. Etwa zweitausend, mein Herr.

JACKSON *grimmig.* Zehntausend Gefallene, zweitausend Gräber – aber zweihundert francs français.

VERNIER. Bitte?

MAZAS. Was meint der Herr damit?

JACKSON *erbost.* Ich meine damit, daß Ihre Gesellschaft verdammt teuer ist und für sehr viel Geld sehr wenig zeigt.

SMITH *alter Amerikaner, entrüstet.* Das finde ich auch! In Flandern, wir haben ganz andere Friedhöfe gesehen! Wir haben gesehen Friedhöfe mit fünfzehntausend Gräbern!

GREELEY. Jawohl, wir haben gesehen einen Friedhof mit zwanzigtausend Gräbern unbekannter deutscher Soldaten. Nicht ein Name ist bekannt!

JACKSON. Dabei – wir haben bloß bezahlt zweihundert francs belges!

GREELEY. Und wir haben bekommen Lunch und Dinner!

SMITH. Und Sie zeigen Friedhöfe mit sechstausend Gräbern, mit fünftausend Gräbern oder auch nur mit zweitausend Gräbern!

JACKSON. Aber dafür Sie nehmen zweihundert francs français!

GREELEY *haßerfüllt.* Das ist Frankreich! Das ist Frankreich!

Die Franzosen kehren sich fast gleichzeitig um. Das Folgende sehr rasch.

REMUSAT. Oh, das ist eine Infamie!

MME. LERAT *hübsch, jung, elegant.* Warum haben Sie denn die billigste Tour gewählt?

LERAT. Für dreihundertfünfzig Francs bekommen Sie bei uns Schlachtfelder zu sehen, wo nicht Vierhunderttausend oder Sechshunderttausend gefallen sind, sondern – eine Million!

REMUSAT. Und Friedhöfe mit dreißig- und vierzigtausend Gräbern!

MME. DUVERNOIS *Anfang der Zwanzig, mondän, sehr reizvoll.* Aber Sie sind geizig! Sie sitzen auf Ihrem Geld. Sie riskieren höchstens fünf Dollar!

MME. LERAT. Aber dafür wollen Sie Schlachtfelder sehen mit drei Millionen Gefallenen und Friedhöfe mit fünfhunderttausend Gräbern!

REMUSAT. Wozu kommen Sie denn überhaupt her?

MME. DUVERNOIS. Mit Ihren Pfunden und Dollars verteuern Sie uns bloß unsere Kleider – und Ihnen stehn sie doch nicht!

GREELEY. O-hh! Ich glaube, man beleidigt uns?

LERAT. Wer, zum Henker, hat Sie denn herübergerufen? Wären Sie doch zu Hause geblieben und hätten Sie sich Ihre eigenen Schlachtfelder angesehen, wenn Ihnen die unseren nicht passen!

SHARPE *hoher, schlanker Engländer mit schlohweißem Haar und großer Würde.* Wir sind hier auf unseren Schlachtfeldern, meine Herren.

MARSHALL *alter Engländer.* Dieser Boden ist mit englischem und amerikanischem Blut für Sie zurückerobert worden, da Sie allein – es nicht vermochten.

FRANZOSEN *stoßen einen Wutschrei aus.*

JACKSON. Jawohl! Hätten wir nicht für euch geblutet, dann hätte euch der Teufel geholt! Jawohl! Und das ist mein letztes Wort in dieser Sache.

FRANZOSEN *brechen in ein empörtes Lachen aus.* Ihr habt für – uns geblutet? Ihr –??

REMUSAT. Für euer Geschäft habt ihr geblutet!

JACKSON. Verdammt! Amerika hätte euch doch keinen Mann herübergeschickt, wenn ihr es nicht verstanden hättet, uns einzureden, daß es um die Rettung der Kultur gehe!

REMUSAT. Ah – und deshalb seid ihr herübergekommen? *Hohngelächter.*

JACKSON. Zum Teufel, Mann! Wofür denn sonst??

REMUSAT. Ja, wofür bloß? Denn um eure Kriegskredite und Kriegsprofite hattet ihr ja keine Sorgen? *Gelächter.*

SMITH. Das ist der Dank dafür, daß wir euch gerettet haben!

SHARPE. Genug davon. Was wir gehört haben, werden wir uns merken.

MARSHALL. Wir werden es uns merken.

JACKSON. Also! Da hört ihr es! Und wenn ihr das nächste Mal wieder mit den Deutschen zu tun bekommt, könnt ihr es allein mit ihnen ausmachen.

SMITH. Und dann wird euch schon der Teufel mit aller Sicherheit holen.

GREELEY. O-hh, ganz bestimmt. Er wird sie holen. Ganz bestimmt.

JACKSON. Und das ist unser letztes Wort in dieser Sache.

MME. DUVERNOIS. Vorsicht! Die Boches hören zu! *Die Gruppen kehren einander den Rücken.*

VERNIER. Ladies and gentlemen, wie ich eben hörte, haben Sie schon sehr viele Friedhöfe besichtigt. Größere und schönere ... Dennoch, meine Damen und Herren, ich versichere Ihnen: ein solcher Friedhof wie dieser war kaum darunter ... Denn, ladies and gentlemen, dieser Friedhof ist nicht etwa ein American cemetery oder ein English cemetery, ein Belgian cemetery, ein French cemetery oder ein German cemetery Dieser Friedhof, messieurs, 'dames, ist ein Friedhof, in dem Franzosen und Deutsche nebeneinander ruhen ...

Ausrufe des Erstaunens.

JACKSON. Hallo! Das haben wir noch nicht gesehn!

MAZAS *mit Genugtuung.* Jetzt werden die Damen und Herren auch begreifen, warum er in den Reiseführern mit drei Sternchen bezeichnet ist!

VERNIER. Ladies and gentlemen! Im Kriege wurden die Soldaten meist dort bestattet, wo sie gerade fielen. Aber als Friede wurde, als die Bauern wieder zu pflügen anfingen, stießen sie beim Furchenziehen sehr oft auf die Überreste der Gefallenen ... Es war nicht möglich, sie dort zu belassen. Man legte also große Friedhöfe an und bettete die Toten um. Die französischen Toten, meine Damen und Herren, erhielten Kreuze aus lichtem Holz, die deutschen aus dunklem. Und so sehen Sie hier, ladies and gentlemen: Rechts die Franzosen, links die Deutschen ...

Die Gesellschaft gruppiert sich instinktiv derart, daß die Franzosen rechts, die Deutschen links, die übrigen in der Mitte zu stehen kommen.

BRÜHL *klein, dick, Bart und Goldbrille.* Schwarz und weiß! Großartig! Der Gegensatz kommt darin genial zum Ausdruck!

MAZAS *geschmeichelt.* Jawohl, mein Herr! Die Damen und Herren sehen auch, wie sorgsam der Friedhof gepflegt wird. Man tut wirklich für die Gefallenen, was man nur kann!

JACKSON. Wäre auch verdammt dumm, diese Friedhöfe zu vernachlässigen!

SMITH. Eure Fremdenindustrie würde zurückgehen, und eure Handelsbilanz sähe dann noch schlechter aus!

MAZAS *geschmeidig.* Es ist ein sehr glücklicher Umstand, mein Herr, daß die Pietät, die man den Gefallenen schuldet, sich auch als Vorteil für die Lebenden erweist.

JACKSON. Was »Vorteil«! »Vorteil«! Sie können ruhig sagen: als ein Geschäft! Als ein verdammt gutes Geschäft!

SMITH. Wovon würden Sie denn leben, wenn die nicht gefallen wären?

JACKSON. Und wovon würde Ihre Gesellschaft Dividenden bezahlen, wenn die nicht hier lägen, he –?

MARSHALL *weist mit seinem Stock gegen die Mitte.* Und was ist das dort?

VERNIER. Das, mein Herr, ist ein Massengrab.

Ausrufe der Überraschung.

HENKEL *Mitte der Vierzig, hohe, straffe Erscheinung.* Ausgezeichnet. Massengrab. Das haben wir noch nicht. *Er stellt seinen photographischen Apparat ein.* Mutter, Fritzchen! Stellt euch dazu, damit ihr auch drauf kommt! *Fritzchen läuft zum Sockel; Henkel knipst. Auch andere photographieren.*

SHARPE. Und wer ruht in diesem Massengrab?

MARSHALL. Franzosen oder Deutsche?

VERNIER. In diesem Massengrab, ladies and gentlemen, ruhen ... Franzosen und Deutsche.

Ausrufe der Betroffenheit.

GREELEY *indigniert.* Franzosen und Deutsche in einem Grab? O-hh!

MAZAS. Vernier, erzähl, was du darüber weißt.

VERNIER. Meine Damen und Herren! Hier, wo Sie jetzt stehen, befanden sich die französischen und die deutschen Gräben. Man lag einander auf kaum hundert Meter gegenüber. *Pause.* Es steht nicht fest, wer beim Endkampf den ersten Angriff gemacht hat ...

REMUSAT. Wie, es steht nicht fest? Was heißt das?

VERNIER. Daß man es nicht mehr weiß, mein Herr!

LERAT. Waren Sie französischer Soldat?

VERNIER *zeigt auf sein lahmes Bein.* Jawohl, mein Herr!

LERAT *scharf.* Dann sollte das aber für Sie feststehen, zum Teufel!

VERNIER *legt salutierend die Hand an sein Käppi.* Wie der Herr befiehlt! Den ersten Angriff machten also *Leichte Verneigung gegen die Franzosen.* die Franzosen. Sie eroberten den deutschen Graben und machten die Deutschen zu Gefangenen ... Aber sie konnten sie leider nicht nach rückwärts schaffen, denn man funkte mit schweren Brocken, es gab dicke Luft ...

MAZAS *nachsichtig.* Er meint: es gab Trommelfeuer.

VERNIER. Dann aber machten die Deutschen *Bedauernde Handbewegung gegen die Franzosen.* einen Gegenstoß. Er ging über den Graben hinaus, und jetzt waren die Franzosen im Graben die Gefangenen ihrer Gefangenen ... Aber auch die Deutschen im Graben konnten die Franzosen nicht nach hinten schaffen, denn die dicke Luft hielt an ... Dann stießen wieder die Franzosen von rückwärts vor und dann wieder die Deutschen ... Und so ging das hin und her, mehrere Tage lang.

MARSHALL. Und was geschah inzwischen im Graben?

GREELEY. Sie haben sich gegenseitig umgebracht, die Deutschen und die Franzosen?

VERNIER. O no, Madame, wir haben ... sie haben miteinander Karten gespielt.

ALLE. Wie –? Was –? Gespielt? Sie haben miteinander Karten gespielt? Oh!

VERNIER. O yes, ladies and gentlemen. Wenn es nicht gerade zu arg zuging.

PILLWEIN *zum erstenmal lebhaft bewegt.* Was haben s' denn g'spielt? Tarock? Bridge? Poker?

GREELEY *empört.* Aber es war doch Krieg! Sie mußten doch miteinander kämpfen! Sie mußten einander doch töten! Sie waren doch Feinde!

VERNIER. O no, Madame. Ich glaube, nur am Anfang. Dann aber ... Wir lagen ... Sie lagen beisammen im selben Graben. Von beiden Seiten schoß man auf sie. Sie mußten sich aneinander drängen, um Deckung zu suchen. Die gleichen Einschläge haben sie verwundet oder getötet. Sie mußten einander die Wunden verbinden, das Trinkwasser teilen, die Vorräte, die Zigaretten, die Gasmasken ...

LERAT. Und wer hat schließlich die Gefangenen gemacht?

VERNIER. Es gab keine Gefangenen, mein Herr. Die rückwärts wollten einander den Graben nicht lassen und schössen ihn in Trümmer. *Pause.* Weil man aber dann die französischen Toten nicht von den deutschen unterscheiden konnte, hat man alle in diesem Massengrab bestattet.

SHARPE. Woher weiß man denn das alles?

VERNIER. Es ... gab einen französischen Sergeanten in diesem Graben. Der war nicht tot, bloß schwer verwundet. Er kam auf, und er – hat es mir erzählt. Es soll übrigens auch ein Deutscher davongekommen sein ... Noch eine Frage, ladies and gentlemen?

GREELEY *deutet mit ihrer Schirmspitze.* Wer ruht in diesem Grab?

VERNIER. Baron Vaudemont, der Kapitän. Dort André Verron, sein Leutnant.

GREELEY. André Verron? Der junge Dichter?

VERNIER. Yes, Madame.

DOROTHY *liest ab.* 1896-1916. Zwanzig Jahre. *Sie legt eine Blume auf sein Grab.*

VERNIER. Der Tambour Roubeau. Er war sehr tapfer. Man hat ihm bei der Umbettung ehrenhalber eine Trommel ins Grab gegeben.

GREELEY. Eine Trommel! Oh, das ist romantisch! Wie in einem Gedicht!

VERNIER *weist auf die der französischen Abteilung zugekehrte Sockelseite.* Morel. Ein hübscher, freundlicher, sanfter Junge. Schuster in einem Dorf an der Suippe ... Herr Baillard, ein reicher Mann, war Bankier in Paris. Dubois, ein Bauer aus einem Dorf an der Marne ...

BROHL *ruft aus der deutschen Abteilung herüber.* Ich lese hier: Christian Hessel.

VERNIER. Gewiß, mein Herr. Liegt hier schon bald fünfundzwanzig Jahre.

BROHL. Wissen Sie, wer das war?

VERNIER. Ein kriegsfreiwilliger Student, mein Herr.

BROHL. Es gibt einen jungen Biologen dieses Namens, der als Kriegsfreiwilliger fiel. Seine Arbeiten sind inzwischen berühmt geworden.

VERNIER. Mir unbekannt, mein Herr ... Neben Hessels Grab ist das Grab des Schauspielers Sonneborn. Gegenüber liegt der deutsche Hauptmann Wittekind. Er war ein großer, stattlicher und sehr gutmütiger Herr. Die Namen der deutschen Toten des Massengrabes finden Sie hier ... *Weist auf die der deutschen Abteilung zugekehrte Sockelseite.* Lehmann, ein Buchhalter. Weber, ein Arbeiter. Schröder, ein Rechtsanwalt. Schmidt, ein Straßenbahnschaffner. Müller, ein ...

MAZAS. Genug, Vernier, genug! Er nennt Ihnen Namen, messieurs, 'dames, die Ihnen nichts bedeuten und sie bloß ermüden. Hier oder drüben – ein Grab wie das andere, ein Poilu wie der andere ... Hundert, tausend, zweitausend Gräber Ihnen unbekannter Soldaten, viel weniger schön als das Grab mit der ewig lodernden Flamme, das Sie gütigerweise in den Hauptstädten dem »Unbekannten Soldaten« errichtet haben ... Hier gibt es nichts Interessantes mehr für Sie ... Darf ich bitten, sich jetzt nach rechts rückwärts zu begeben? Dort werden Sie noch Sehenswertes finden ... To the right, ladies and gentlemen ... *Die Ausflügler, geführt von Mazas, gehen nach rechts rückwärts ab.*

VERNIER *im Begriff, ihnen als letzter nachzuhum peln, stößt auf Heydner, der gänzlich abwesend, noch immer in den Anblick des Friedhofes und des Massengrabes versunken, dasitzt. Vernier geht um ihn herum, und da Heydner ihn nicht zu bemerken scheint, spricht er ihn an.* Ein schöner Friedhof, mein Herr? Nicht wahr?

HEYDNER *schreckt auf, sieht Vernier lange an.* Ja.

VERNIER. Die vielen Blumen zieren ihn sehr. Leider werden sie die morgige Gedenkfeier nicht lange überleben.

HEYDNER *abwesend.* Leider.

VERNIER. Unsere Feier findet bereits zeitlich am Morgen statt. Die Regierungsdelegationen kommen zuerst zu uns. Dann erst fahren sie von einem Friedhof zum andern. Ein sehr anstrengender Tag für die hohen Herren! Wahrscheinlich werden sie kaum vor Abend im Hotel zurück sein ...

HEYDNER. Wahrscheinlich.

VERNIER. Der Herr wird der Feier in Paris beiwohnen?

HEYDNER. Kaum.

VERNIER. Oh, das wäre sehr schade, mein Herr. Es wird eine große Sehenswürdigkeit werden! Der Herr Ministerpräsident Delcampe wird sprechen ... Ich hörte, daß man heute für einen Tribünensitz bereits tausend Francs und für einen Balkon – fünftausend Francs bietet! *Pause.* Übrigens, in Berlin dürfte es nicht weniger großartig zugehen. Nicht wahr, mein Herr?

HEYDNER. Sicherlich nicht.

VERNIER. Dort wird wohl der Herr Reichskanzler sprechen?

HEYDNER. Vermutlich.

VERNIER. Aber einem Festgottesdienst wird der Herr doch wenigstens beiwohnen? Vielleicht dem in Notre-Dame?

HEYDNER *langsam.* Gedenkfeiern ... Festgottesdienste ... *Stille.* Um was, Friedhofswärter, wird man denn beten?

RUFE *von rechts rückwärts.* Guide! Führer! Alloh! Vernier!

VERNIER *ruft zurück.* Ich komme! *Zu Heydner.* Man ruft mich ... Wie meinte der Herr?

HEYDNER *mehr zu sich als zu Vernier.* Was will man denn für die da unten? Und um was wird man denn morgen in allen Kirchen und Tempeln beten für Wittekind und Hessel. Für Weber und Schröder. Für Vaudemont, Morel, Verron – und all die andern ...?

VERNIER *nach einer Pause.* Der Herr fragt sehr sonderbar ... *Stille.* Ich denke für die Ruhe ihrer Seelen? Für ihre Erquickung ...? *Pause.* Vor allem wohl: Um ihre herrliche Auferstehung! Darum wohl vor allem!

RUFE *verstärken sich.* Vernier! Guide! Führer! Alloh! Halloh! Wo bleiben Sie denn?

VERNIER. Der Herr wird entschuldigen, aber ich muß leider gehn. Man wird schon ungeduldig. Kommt der Herr nicht mit?

HEYDNER *schweigt und blickt in die Weite.*

VERNIER. Es ist nur, weil ich dann gleich den Friedhof schließen muß ... *Pause.* Der Herr wird dann nicht mehr die Möglichkeit haben, die übrigen Teile des Friedhofes zu besichtigen ...

HEYDNER *schweigt.*

RUFE *sehr heftig.* Guide! Führer! Gottverdammt! Vernier! Vernier! Wo bleibst du denn? Vernier!!!

VERNIER *erschreckt, ruft.* Ich komme! Ich komme! Ladies and gentlemen, ich komme! *Er wirft noch einen Blick auf Heydner, bemerkt dessen Abwesenheit, zuckt die Achseln und humpelt eilig nach rechts rückwärts ab. Der Friedhof liegt ganz still. Auch die Gärtner sind verschwunden.*

HEYDNER *nach einer Weile leise, stark.* – – um eure Auferstehung!! *Er sitzt regungslos. Es ist, als ob er in Weites, Fernes, Unwirkliches blickte.*

Die Bühne verdunkelt sich.

Zweites Bild

Personen.

Marcel Delcampe, der französische Ministerpräsident

Zwischenrufer

In stummen Rollen

Kardinal Dupin, Erzbischof von Paris

Minister

Priester

Deputierte

Odette Lefèvre

Diplomaten

Generäle

Publikum

Paris
Arc de triomphe

*

Mitte des Hintergrundes: Arc de triomphe mit dem blumengeschmückten Grabmal des
»Soldat inconnu«. Die Trikolore.
Rechts und links davor steigen Tribünen an; die Unke ist für das zahlungskräftige
Publikum bestimmt, auf der rechten haben die Mitglieder der Regierung, des

diplomatischen Korps, der Generalität und der Deputiertenkammer mit ihren Damen
Aufstellung genommen, ferner die Vertreter des hohen Klerus.
Vor der rechten Tribüne, dem Grabmal zunächst und erhöht: Rednerpult.
Es spricht der französische Ministerpräsident Delcampe.
Aus der Ferne kommen leise Klänge der Marseillaise herüber.

DELCAMPE *pathetisch.* Meine Freunde! Wir haben uns heute, fünfundzwanzig Jahre nach Ausbrach des großen Krieges, an dieser geweihten und erhabenen Stätte versammelt, die uns nicht nur die Gräber der gefallenen Unbekannten, sondern auch die von nahezu zwei Millionen Helden, den Friedhof der einstigen Blüte Frankreichs, symbolisiert.

Pietät hat uns hierhergeführt, meine Freunde; aber nicht nur Pietät. Auch die Pflicht! Die Pflicht der Rechenschaftslegung, auf die unsere toten Helden Anspruch haben.

Nun denn, ihr großen Toten! Ich, Marcel Delcampe, Ministerpräsident der Französischen Republik, bin im Auftrag der Regierung erschienen, um euch zu berichten. Um mich zu verantworten. Um euch auf euer Grab Rechenschaft abzulegen ... Ihr, die ihr für die höchsten Ziele das erhabene Opfer eures Lebens gebracht, ihr sollt erfahren, was wir damit angefangen, was wir mit ihm errungen, wie wir es genützt, verwahrt und verwaltet haben.

Gefallenes, dahingegangenes Frankreich! Höre denn:

Dem Waffenstillstandsdiktat ließen wir ein Siegfriedensdiktat folgen! Wir haben den Feind aufs Knie gezwungen, entwaffnet und in seinem Gebiet beschränkt, auf Generationen hinaus geschwächt, nach allen Seiten hin gefesselt und gebunden ... Daß er vor achtundsechzig Jahren, im Jahre des Unheils 1871, eine Armee über diesen Platz marschieren und dieses glorreiche Denkmal französischer Weltsiege durch seinen Vorbeimarsch schänden lassen durfte ...

RUFE. Pfui! Nieder! Pfui!

DELCAMPE. ... er hat es mit militärischer Vernichtung und wirtschaftlicher Ohnmacht gebüßt.

RUFE. Hoch! Hoch! Es lebe Frankreich! Nieder mit seinen Feinden!

DELCAMPE. Seit unserem Sieg aber, ihr Helden, ist kein Tag vergangen, an dem wir dieses Sieges nicht gedacht! Mit unvergänglicher Dankbarkeit – aber auch mit hohem Stolz und der harten Unnachgiebigkeit gegenüber den Besiegten, die euer Opfertod uns auferlegt ...

RUFE. Hoch! Hoch Frankreich!

DELCAMPE. Die Wunden, die der Krieg dem Vaterland geschlagen, sie sind vernarbt. Längst tragen die Felder, durch die sich eure Gräben zogen, wieder Frucht, und das Zerstörte ist wiedererstanden, reicher, blühender, als es je gewesen. Denn mit dem

Schwert in der Faust haben wir den Feind gezwungen, doppelt, dreifach gutzumachen, was er im Krieg verwüstet, was wir seinetwegen verwüsten mußten ...

EINE HÄMISCHE STIMME. Jawohl! Der Boche bezahlt alles! *Beifall.*

DELCAMPE. Reich und mächtig wie nie zuvor – unbesiegbar stehn wir da! Die größte, gewaltigste Armee, die je ein Staat im Frieden besessen – es ist die unsere!

RUFE. Es lebe die große Armee!

DELCAMPE. Gerüstet sind wir wie kein Volk der Welt! Für jeden Poilu – ein Maschinengewehr! Für jede Korporalschaft – ein Geschütz! Einen Tank für jeden Zug! Wolken von Giftgas vor jede Kompagnie! Der Flugzeuge aber so viele, daß ihre ehernen Schwingen die Sonne verdunkeln würden jenem Volk, das es wagte, Frankreich sich zum Feind zu machen.

BRAUSENDE RUFE. Frankreich! Es lebe Frankreich! Delcampe! Hoch Delcampe!

DELCAMPE. Ihr toten Helden Frankreichs! So sind wir gerüstet, zu kämpfen und zu siegen! Ihr toten Helden Frankreichs! So sind wir gewaffnet, eure Ruhe zu schützen, eures Heldentodes uns würdig zu erweisen, euer Andenken zu ehren!

Und wenn heute ... ein Wunder geschähe: Wenn ihr – auferstünded und unter uns trätet ... *Frenetischer Jubel.* ... jubelnd, ekstatisch von uns empfangen und an unsere Spitze gestellt, auf die Plätze, die euch gebühren – dann weiß ich, daß ihr sprechen würdet: »Gut verwaltet habt ihr, Brüder und Söhne, unser Erbe! Übergegangen ist unser Geist auf euch! Söhne und Brüder! Wir sind mit euch zufrieden!!«

TOSENDE RUFE. Frankreich!! Delcampe!! Es lebe Frankreich!! Hoch Delcampe!!

Die Marseillaise sehr nahe und stark. Tücherschwenken, nicht endenwollender Jubel.
Die Bühne verdunkelt sich.

Drittes Bild

Personen.

Dr. Overtüsch, der Reichskanzler

Der Sprecher des Rundfunks

Zwischenrufer

In stummen Rollen

Generalsuperintendent Palm

Minister

Geistliche

Reichstagsabgeordnete

Frau Overtüsch

Diplomaten

Generäle

Publikum

Berlin
Platz mit dem Heldendenkmal

*

Die Szenerie des zweiten Bildes, doch nimmt die Stelle des Triumphbogens ein mächtiges, lorbeerumkränztes steinernes Heldendenkmal ein. Rednerpult und Tribüne mit den Mitgliedern der Regierung, des diplomatischen Korps, der Generalität, des Reichstages und ihren Damen, sowie mit den Vertretern des hohen Klerus, befinden sich jetzt links, die Tribüne für das Publikum rechts. Die deutsche Reichsflagge ist umflort. – Nahe dem Rednerpult das Mikrophon des Rundfunks mit dem Sprecher.

SPRECHER DES RUNDFUNKS. Hallo! Hallo! Hier Rundfunk Berlin! Wir setzen unsere Übertragung der Heldengedenkfeier fort. Es spricht der Herr Reichskanzler Doktor Overtüsch ... Der Herr Reichskanzler verläßt eben seinen Platz auf der Tribüne, den er inmitten der Regierungsmitglieder innehatte ... *Es geschieht.* Unter lautlosem, ehrfürchtigem Schweigen steigt der Herr Reichskanzler die Stufen zum Rednerpult empor ... *Es geschieht.* Der Herr Reichskanzler trägt schwarzen Gehrock und hält in der Rechten den Zylinder mit dem Trauerflor ... Der Herr Reichskanzler ist angelangt. Meine Damen und Herren! Der Herr Reichskanzler ergreift das Wort. *Er tritt zurück.*
OVERTÜSCH *wuchtig.* Deutsche! *Pause.* Wir haben uns heute vor diesem steinernen Abbild unvergänglichen Heldentums eingefunden, um unserer gefallenen Väter, Brüder und Söhne zu gedenken, die sein Urbild mit ihrem Blut errichtet haben. *Stille.*
Deutsche Männer und deutsche Frauen! Ich weiß es: In dieser Stunde stehen andere, heute glücklichere Völker am Grabmal ihrer Toten, die Siegesfreude und ein billiger Triumph bläht auch heute noch, nach einundzwanzig unserer schwersten Jahre, ihren Stolz, und sie rechnen frohlockend ihren Gefallenen vor, was sie für ihren Tod eingehandelt: unsere Niederlage und tiefste Demütigung; unsere militärische Ohnmacht und wirtschaftliche Schwäche; ihren Reichtum und ihre Machtstellung ...
Ihr toten deutschen Helden! Ja. Es ist wahr. Euer Opfertod – war vergebens ... Wohl nicht die Waffen der Feinde, aber wirtschaftliche Not hat uns ins Knie gezwungen ...
EINE STIMME. Und der innere Feind! *Viele fallen ein.* Der innere Feind!
OVERTÜSCH. Wir wurden nicht besiegt – aber wir haben den Krieg verloren. *Pause.* Ihr toten Helden! Euch zu bekämpfen haben sich Hundertmillionenreiche verbunden! Euch zu besiegen – vermochten sie nicht! Ihr, ihr wart die Sieger fast aller Schlachten! Ihr, die Entbehrer, wart die wahren Helden des Krieges! *Pause.* Man hat uns entwaffnet. Uns Länder genommen. Man hat uns entvölkert und arm gemacht ... Eure Taten konnte man uns nicht nehmen! Nicht euer Andenken, nicht euren Geist!
Er hat sich von euren Gräbern erhoben. Er kam zu uns, er ging auf uns über. Er wars, der uns erdulden und ausharren ließ. Er ists, der die Zukunft verheißungsvoll macht!
EIN RUF. Heil Deutschland!
OVERTÜSCH *gesteigert.* Allianzen vergehen. Bündnisse fallen. Wir werden nicht immer umringt sein von Feinden! Und nicht immer wird Übermacht gegen uns sein!
RUFE. Deutschland! Heil Deutschland!
OVERTÜSCH. Noch müssen wir schweigen, alles Unrecht ertragen. *Mächtig.* Es wird nicht für ewige Zeiten sein!!

STÜRMISCHE RUFE. Heil! Heil! Heil! Heil Deutschland!

OVERTÜSCH. Für Deutschlands Größe seid ihr gefallen! *Ausbruch.* Ihr sollt nur dafür gefallen sein!!

STÜRMISCHE RUFE *wiederholen sich.*

OVERTÜSCH. Euer Opfer wird uns nicht ruhen lassen! Wir gelobens von neuem an diesem Tag: Euer Opfer darf nicht vergebens bleiben!! *Heilrufe.* Wir wollen nicht Krieg. Wir wollen den Frieden. Doch einen Frieden der – Gerechtigkeit!!

ALLE. Gerechtigkeit! Gerechtigkeit!!

OVERTÜSCH. Wir haben kein Heer und keine Flotte. Wir haben nicht mehr die Macht der Faust. Doch haben wir noch die Macht des – Denkens! Wir haben die Macht der Wissenschaft!

EIN RUF. Es lebe die deutsche Wissenschaft! Die deutsche Wissenschaft – dreimal hurra!

ALLE. Hurra! Hurra! Hurra!

OVERTÜSCH *gesteigert, markig.* Der nächste Krieg wird kein Krieg sein der Truppen. Kein Krieg der Geschütze, der Tanks, bloßer Technik … Er wird ein Krieg sein – der Kriegschemie! Er wird ein Krieg sein – der Bakteriologie!! *Pause, dann mit mächtigem Ausdruck.* Man kann ein Volk der Kanonen berauben! Des – – Geistes berauben kann man es nicht!!

BRAUSENDE RUFE. Hoch! Heil! Deutschland!! Es lebe Deutschland!! Hoch Overtüsch!! Deutschland!!!

Die Klänge des »Deutschland, Deutschland über alles« sehr nahe und stark. Tosende Rufe, Tücherschwenken.
Die Bühne verdunkelt sich.

Viertes Bild

Personen.

Der Bote

Die Auferstandenen, darunter:

Wittekind, der Hauptmann

Hessel

Weber

Schmidt

Sonneborn

Schröder

Lehmann

Vaudemont, der Kapitän

André Verron

Morel

Dubois

Roubeau

Baillard

General Lamarque, der französische Kriegsminister

General von Gadenau, der deutsche Kriegsminister

Deutsche und französische Offiziere

Vernier, Friedhofswärter

Der Friedhof

*

*Nacht. Lautlose Stille. Undurchdringliches Dunkel. Nur die Umrisse des Monumentes
über dem Massengrab schimmern mattweiß.*
*Plötzlich steht in der Mitte des Hintergrundes eine hohe, aufrechte Männergestalt. Es ist
der Bote.*

DER BOTE *neigt sich über die Gräber und spricht mit dunkler Stimme, eindringlich
und unpathetisch.* Tote um Verdun! Tote der Argonnen – hört ihr mich? So tief ihr
auch gebettet seid; ob Erde euch deckt oder Quadern euch verschließen: ich bin gesandt,
daß ihr mich hören sollt! *Er kommt einige Schritte vor.* Tote um Verdun! Nahezu
fünfundzwanzig Jahre, nach irdischen Maßen gemessen, ruht ihr in dieser Erde ... Das
ist für euch, die ihr in die Ewigkeit eingegangen seid, eine unvorstellbar geringe Spanne
Zeit ... Für die Lebenden aber ist sie nicht unbeträchtlich: sie vergessen sonst ihre Toten
meist in viel kürzerer Frist ... Ihr aber, Tote des großen Krieges, seid unvergessen.
Nicht verblaßt ist euer Andenken und nicht friedlich verklärt, wie das anderer, die
gestorben sind. Nein. Weiß glüht es und wühlt Tag um Tag die Lebenden von neuem
auf. Es macht, daß sie euer nicht mit Resignation gedenken, sondern mit all ihrer
Leidenschaft! Es hindert die Siegreichen, demütig und nachgiebig zu sein, und es läßt
die Besiegten nicht die Sinnlosigkeit eures Opfertodes und ihre Niederlage verwinden
... So bestellt, ihr Toten, ist es um die Erde, in deren Schoß ihr vergeht ... *Er tritt
abermals einige Schritte vor.* Tote der Argonnen! Wie ich jetzt zu euch spreche, so
sprechen in dieser Stunde an tausend Stätten tausend Stimmen zu euren Brüdern:
Nicht nach dem Gesetz des Lebens, das der Herr in euch gelegt, sondern nach eurem
Willen allein seid ihr vor Ablauf eurer Zeit in diese Gräber gebannt.
Doch weil die Pest der Raserei, die euch in vorzeitiges Vergehen gestürzt, auf Erden
kein Ende nehmen will und die Erde demnächst verelendet und verödet sein wird, wie
nach einer zweiten Sintflut – so beschließt der Herr: Erbarmen zu haben mit den
Rasenden ... *Pause.* Und der Herr denkt: Wenn Er sich von den Klagen um euch, die
heute um die ganze Welt irren – erweichen ließe! Wenn Er die Millionen frommer
Gebete um eure Beseligung und Auferstehung – – erhörte! Wenn Er ein – Wunder
wirkte und euch jetzt, in dieser Stunde – – a u f e r s t e h e n und h e i m k e h r e n hieße!!!

– – dann, denkt der Herr, müßten Ströme von solcher Glückseligkeit über dieses Gotteswerk auf Erden ausbrechen und aufquellen, daß aller Haß unterwühlt und unterwaschen werden würde ... Und ein solches Meer von Liebe müßte dann die Erde überfluten, daß aller Haß darin zergehen und sich auflösen würde ... *Stille. Der Bote breitet weit die Arme aus; mächtig.* Tote um Verdun –! Mögen darum eure Gräber sich – – – auftun!!!

Von den Gräbern sprüht Erde auf. Mit dumpfem Knall stürzen die Sockelwände des Monumentes über dem Massengrab ein.

Mit Feuer und Schwert habt ihr das Göttliche in euch einander aus den Leibern gejagt! Der Herr verzeiht – und schenkt es euch ein zweites Mal: es kehre in euch zurück!! *Stille, dann sehr stark.* Nun lebt ihr wieder, Männer der Argonnen! Erwacht!! Erhebet euch!! Und kehret heim!!!

Stille. Der Bote ist verschwunden.
Mählich gleitet schwaches Mondlicht über den Friedhof. In der geringen Helle sieht man die Auferstandenen unregelmäßig und in Schwäche über ihre Gräber geworfen liegen. Etliche haben sich auch aufgesetzt. Den Rücken haben sie an ihr Grabkreuz gelehnt, ihre Beine hängen ins Grab. Die Auferstandenen des Massengrabes liegen in einem wirren Knäuel neben- und übereinander.
Alle haben bleiche Gesichter und verschattete Augen. Ein eigentümlich starrer Ausdruck von Versunkenheit und Abwesenheit ist ihnen eigen. Ihre abgezehrten Leiber stecken in zerschlissenen Felduniformen, denen Teile fehlen. Sie bewegen sich mühsam und mit großer Schwerfälligkeit. Ihre Sprache ist langsam, tonlos, gebrochen, von Pausen durchsetzt, und kommt aus aufgerauhten Kehlen.
Die im Massengrab beginnen zu sprechen. Zwischen Rede und Gegenrede lange Pause.

MOREL *seufzt tief auf.*
WEBER. Zitterst du ... Bruder?
MOREL. Es ... ist ... so ... kalt, Kamerad.
DUBOIS. Die ... Schufte ... haben uns ... ohne Röcke und Mäntel ... Ohne Kleider haben uns die Schufte ...
WEBER. Rück her, Kamerad. Wird ... dir ... dann ... wärmer werden ...
MOREL *tut es.* Dank dir, Kamerad ... Bist du – ein Boche?
WEBER. Gewesen, Bruder, gewesen ... Und du? Ein – Franzmann?
MOREL. Gewesen, Bruder, gewesen ... *Stille.*

SONNEBORN *von links.* Wenn ich bloß ... Wenn ich bloß ... Wenn ich bloß was Warmes um den Kopf ... Aber die Schufte haben uns nicht mal ... Nicht mal was Warmes um den Kopf haben uns die Schufte ...

ROUBEAU *von rechts.* Erst – zerschossen ...

SCHRÖDER. Dann – in die Grube geschmissen ...

DUBOIS. Und dann – ab mit Rückenwind ...

VIELE. Hunde, verfluchte ...

KAPITÄN *von rechts.* Da. Werft ihm das hin ... Hat wohl einen kahlen Schädel ... *Eine Mütze wird weitergegeben.*

SONNEBORN *stülpt sie auf.* Ah! Das ist gut ... Ist eine goldne Rose drauf. Bist du – ein Offizier, Kamerad?

KAPITÄN. Gewesen, Bruder, gewesen ... *Stille.*

HESSEL *links, richtet sich mühsam empor, lauscht angestrengt und verzückt. Dann flüsternd, mit aufgerissenen Augen.* Kameraden! Hört ihr – wie ich – den Wind?

BAILLARD. Er streicht – kommt mir vor – durch die Bäume?

MOREL. Dort – das Licht! Dort – das Licht!! *Erfassend.* Ich bin nicht mehr – – blind!!

WEBER *dumpf.* Mir ists, als ob ich träume ...

VERRON *rechts, flüstert gebannt.* Ich – – atme!! Ich – – atme!! Ich – – schwör es euch!!

LEHMANN. Ich bewege – den Kopf ...

DUBOIS. Ich – die Glieder ...

MOREL *unterdrückt.* Kameraden! Kameraden! Wir sind nicht mehr – – tot!!

HESSEL *ebenso.* Wir – leben! Wir – leben wieder!

VERRON *reißt sich hoch, mit Ausbruch.* Ihr Brüder! Ihr Brüder! Wir können – nach Haus! Wir werden – die Sonne sehen!!

WITTEKIND *links, Hünengestalt, ringt sich wuchtig hoch, gutmütig, dröhnend.* Geduld, Kamerad! Geduld, Kamerad! Erst heißts ... auf den Beinen stehen! *Macht einige Schritte gegen die Mitte.*

VAUDEMONT *rechts, schlank, fast zierlich, hat sich mühsam erhoben, kommt gleichfalls wankend gegen die Mitte vor.* Warst du nicht – Kapitän der Boches?

WITTEKIND. Und du – warst der von drüben?

VAUDEMONT. Ich denke, wir reißen die Kerle hoch?

WITTEKIND. Die bleiben sonst ewig hier liegen!

KAPITÄN *tappt zu seinen Leuten.* Dubois! Baillard! Morel! Roubeau! Aus der Grube! Heraus! Auf die Beine!

WITTEKIND *bei seinen Leuten.* Lehmann I! Schröder III! Weber und Schmidt! Gebt die Hände! Und nehmet meine!

SCHRÖDER *ächzend.* Hauptmann! Mir ist der Arm – ganz lahm!

BAILLARD *ebenso.* Kap'tän! Kann das Bein nicht rühren!

WITTEKIND *dröhnend.* Das gibt sich, Bruder! Das gibt sich dann!
VAUDEMONT. Komm her! Und laß dich fuhren!

Alle haben sich erhoben und stützen sich aneinander.

VAUDEMONT. Hauptmann! Hab einen Tambour bei mir. Soll ich ihn – trommeln lassen?
WITTEKIND *wuchtig.* Laß trommeln, Kapitän! Und marschieren wir!! Kameraden! Die Hände fassen!

Die Auferstandenen ordnen sich in der Vordergrundallee in Viererreihen. Sie stehen schwer atmend, den Kopf gesenkt, breitspurig da, das Gleichgewicht suchend, die Arme seitwärts und abwärts gestreckt, und halten einander an den Händen.

VAUDEMONT. Achtung! Ich führ! *Pause.* Tambour! Zu mir! *Pause.* Hauptmann! Kommandier!

Er stellt sich, mit ihm Roubeau, der Tambour, an die Spitze des Zuges. Der Hauptmann tritt in den Raum des Massengrabes. Breit und gewaltig steht er da und reckt zum Kommando den rechten Arm mit der geschlossenen Faust in die Höhe. Dann senkt er ihn mit einem Hieb und kommandiert dröhnend.

HAUPTMANN. Marsch – eins! Und zwei! Und drei! Und vier! Eins! Und zwei! Und drei! Und vier! Eins! Zwei! Drei! Vier! *Usw.*
ROUBEAU *trommelt.* Rum, pum, rumpumpum! Rum, pum, rumpumpum! *Usw.*

Die Soldaten marschieren langsam, mühsam, schwerfällig einmal um das Massengrab herum. Sobald sie den Ausgangspunkt erreicht haben, tritt auch Wittekind an die Spitze des Zuges, so daß jetzt der Tambour Roubeau zwischen ihm und Vaudemont marschiert.
–
Der Zug marschiert nach rechts und schwenkt dann in die Seitenallee rechts rückwärts ab. Das Kommandieren und Trommeln wird immer schwächer, endlich vernimmt man nichts mehr. –
Der Mond ist ganz herausgekommen, es ist hell geworden.
In der Ortschaft sind viele Lichter aufgeblitzt.
Menschen mit Fackeln und Laternen nähern sich. Im nächsten Augenblick wird die Schelle des Friedhofes mit großer Heftigkeit gezogen.

LAMARQUE *General; der französische Kriegsminister; noch unsichtbar*. Alloh! Tor auf! Was geht denn hier vor?!

GADENAU *General; der deutsche Kriegsminister; noch unsichtbar*. Heda! Zum Teufel! Was ist denn los?!

VIELE *Stimmen von Offizieren des Gefolges der Generäle*. Vernier! Friedhofswärter! Tor auf! Verdammter Schuft!

Anhaltendes Ziehen der Schelle. Rütteln am Tor. Im Augenblick darauf knirscht der Schlüssel im Schloß, kreischt das Tor in den Angeln. Lamarque und Gadenau, gefolgt von deutschen und französischen Offizieren, und Vernier, der nur notdürftig bekleidet ist, treten ein.

LAMARQUE. Kanaille von einem Wärter! Weißt du nicht ...

VERNIER *versucht stramm zu stehen*. Vernier, mein General. Sergeant Vernier ...

LAMARQUE. Schwein ist dein verfluchter Name! Hund! Schwein! Schuft! Ich lasse dich zum Teufel jagen! Deportieren laß ich dich!

EIN COLONEL. Weißt du nicht, du Schuft, daß nach sechs kein Mensch auf dem Friedhof was zu suchen hat?

LAMARQUE. Erfüllst du so deine Pflicht? Läßt du die Gräber unserer Helden durch besoffenes Gesindel schänden?

VERNIER. Kein Mensch, General! Kein Mensch ist auf dem Friedhof! Die Tore ... Ich hab sie, wie täglich, um sechs geschlossen. Kein Mensch ist auf dem Friedhof!

GADENAU. Wem wollen Sie das erzählen, Wärter? Woher kommt dann der Lärm?

VERNIER. Lärm –? Was für ein Lärm? General, Colonel – ich hab keinen Lärm gehört!

LAMARQUE. Nichts gehört? Der ganze Ort ist auf, und bloß du hast nichts gehört?

VERNIER. Eine Granate vor Douaumont, mein General ... Ich war mehrere Tage lang verschüttet ... Seither höre ich schlecht ...

Das Trommeln, Kommandieren und Marschieren wieder näher. Alles horcht auf.

LAMARQUE *wild*. Kanaille von einem Wärter! Hörst du vielleicht noch immer nichts?!

GADENAU. Während dieser schwerhörige Dummkopf geschnarcht hat, müssen die Lumpen über das Friedhofsgitter geklettert sein ...

COLONEL. Aber wer? Und ich bitte – wozu?

DEUTSCHER HAUPTMANN. Vermutlich Unfug. Purer Unfug.

GADENAU. Die Herren vergessen, daß Moskau bei Ihnen wie bei uns Filialen unterhält!

DEUTSCHE UND FRANZÖSISCHE OFFIZIERE. Ah! Moskau! Natürlich! Kommunisten! Störung der Feiern!

LAMARQUE *wutschnaubend.* Na, ob Moskau oder nicht, wir werden das gründlich abstellen!

GADENAU. Das werden wir, Exzellenz!

LAMARQUE *in Positur, Reitgerte in der Faust.* Fackeln und Lichter nach rückwärts! *Es geschieht.*

GADENAU. Sehr richtig! Sollen uns nicht gleich sehn! Moment der Überraschung ausnützen!

EINIGE. Ssst! Sie kommen!

Stille. Es ist wieder dunkler geworden. Die Auferstandenen erscheinen links rückwärts, marschieren wie vordem, schwankend und mit gesenkten Köpfen, schwer atmend, jedoch bereits in besserer Haltung und in besserem Tempo, die Allee herunter, die Vordergrundallee entlang, dann die Allee rechts hinauf und verschwinden wieder rechts rückwärts.

WITTEKIND *zählt.* Eins! Zwei! Drei! Vier! *Usw.*

ROUBEAU *trommelt.* Rum, pum, rumpumpum! *Usw.*

Die Offiziere haben sich mit weitgeöffneten Augen vorgeneigt, dann, von Entsetzen erfaßt, sind sie zurückgewichen. Stille.

COLONEL *kreischt hysterisch auf.* Was ... was ... was ist denn das??

HAUPTMANN *ebenso.* Wie ... wie ... wie ... sehn denn die aus?

LAMARQUE. Das sind ja ... das sind ja ... deutsche Soldaten sind das ja!!

GADENAU. Unsinn! Reden Sie doch keinen Unsinn, Herr! Wie kämen denn deutsche Soldaten hierher?

LAMARQUE. Jawohl! Deutsche Soldaten sind das! Ich habs gesehn! Euer verfluchtes Feldgrau hab ich gesehn!

GADENAU. Gehn Sie zum Teufel, General! Erkennen Sie denn Ihr eigenes vermaledeites Blaugrau nicht?!

COLONEL. Ich sag euch: Es sind Deutsche und Franzosen.

HAUPTMANN. Jawohl! Das glaub ich jetzt auch! Und in den alten Feldmonturen!

COLONEL. Aber was ... aber was ... was bedeutet denn das??

LAMARQUE *hat sich gefaßt.* Na, das werden wir ja gleich wissen! *Er tritt einige Schritte vor und ruft der marschierenden Truppe nach.* Halt –! Das Ganze – halt!! Halt – das Ganze!!

Die Auferstandenen hören nicht auf ihn.

LAMARQUE *gesteigert.* »Halt!« habe ich befohlen! Ich habe »Halt« befohlen!! *Die Auferstandenen hören nicht auf ihn. Lamarque tritt einige Schritte weiter vor; gefährlich, mit äußerster Steigerung und Wucht.* Ich, der Kriegsminister, General Lamarque – befehle!: Halt!!! Das Ganze – halt!!! Halt – das Ganze!! *Die Auferstandenen marschieren weiter.*

GADENAU. Ach was! Hauptmann, Colonel – die zwei dort! *Zwei Offiziere stürzen vor und reißen aus der letzten Reihe der Abmarschierenden zwei Mann heraus. Es sind Dubais und Schröder. Sie stehen nun wankend vor Lamarque und Gadenau.*

LAMARQUE. Lichter her! *Die Fackeln werden gebracht. Lamarque brüllt die beiden an.* Kujone! Lumpen! Hunde! Was treibt ihr hier für Unfug?!

GADENAU *zu Schröder.* Bist du so besoffen, Schwein, daß du nicht einmal vor deinem General stillstehn kannst?!

LAMARQUE *gleichzeitig zu Dubois.* Was treibst du da?! Wer bist du?!

DUBOIS *stammelnd, dumpf, gebrochen.* Pierre ... Dubois, General. War ... Sergeant, General. Regiment ... 270. Gefallen – 1916 ...

LAMARQUE *taumelt zurück.* Was – –???

GADENAU *hat gleichzeitig mit Lamarque Schröder angebrüllt.* Was suchst du hier?! Wie siehst du aus?! Wer bist du?!

SCHRÖDER *hat gleichzeitig mit Dubois geantwortet.* Schröder III – – war ich. Württemberger Infanterie ... Gefallen – 1916 ...

GADENAU *ist zurückgeprallt.*

ALLE *entsetzt zurückweichend.* Wo ... Wo ... Wo kommt ihr her – – –???

SCHRÖDER UND DUBOIS *still.* Aus ... dem ... Massengrab ...

Aufschrei des Entsetzens

VERNIER *und einige Offiziere sind schon früher mit Fackeln in den Friedhof eingedrungen. Nun schreien sie auf.* Das Massengrab – – – geöffnet!!!

OFFIZIERE. Die Gräber – – – leer!!!

GADENAU UND LAMARQUE. Und die – – – Toten??? Die – – – Toten???

OFFIZIERE. Sind – – – auferstanden!!!

ALLE *schleudern in wilder Panik Fackeln und Laternen von sich und stürzen mit gellenden Rufen fort.* Der Jüngste Tag!! Das Jüngste Gericht!! Die Toten sind auferstanden!! Das Ende der Welt!! Der Jüngste Tag!! Die Toten sind auferstanden!!!

Die Lichter sind erloschen. Das Trommeln, Kommandieren und Marschieren verklingt.
Der
Friedhof liegt wieder dunkel und still.

SCHRÖDER *nimmt Dubois an der Hand, zählt dumpf vor.* Marsch – eins. Und zwei. Und drei. Und vier. Eins. Zwei. Drei. Vier. *Usw.*
DUBOIS *zählt mit.* Rum, pum, rumpumpum. Rum, pum, rumpumpum. *Sie marschieren wankend ihrer Truppe nach.*

Die Bühne schließt sich.

Fünftes Bild

Personen.

Marcel Delcampe, der französische Ministerpräsident

Odette Lefèvre

Paris
Bei Odette. – Eine Stunde später

*

Raffiniert und kapriziös eingerichtetes Schlafzimmer. Im breiten französischen Bett schlafen Odette und Marcel Delcampe, der französische Ministerpräsident, die Rücken einander zugekehrt.
Das Telephon, das sich auf einem kleinen Tischchen am Fußende des Bettes auf Odettens Seite befindet, läutet. Stille. Es läutet abermals.

ODETTE *erwacht und schaltet die Nachttischlampe ein. Sie ist entzückend und trägt ein hinreißendes Pyjama. Sie kniet sich auf, macht, um den Hörer am Fußende des Bettes zu erreichen, eine gymna stische Übung, hebt ab, stockt, erfaßt die Gefahr der Situation und legt mit äußerster Behutsamkeit wieder auf. Einen Augenblick lang kniet sie noch tiefsinnig vor dem Apparat, dann weckt sie entschieden Delcampe.* Marcel! Marcel! Wach auf!
DELCAMPE *gibt brummige Laute von sich, wirft sich auf die andere Seite.*
ODETTE *zieht seine beiden Arme vor und stößt sie zurück – wie man das bei Wiederbelebungsversuchen Ertrunkener macht. Diesen Versuch, Delcampe zu wecken, wiederholt sie mehrmals.*
DELCAMPE *erwacht setzt sich auf, er trägt ein seidenes, aber geschmackloses Pyjama.* Was ist denn? Was gibts denn? *Mürrisch.* Kannst du nicht zarter mit mir umgehn? Es ist sehr ungesund, so brutal aus dem besten Schlaf gerissen zu werden!
ODETTE *eisig.* Mein Lieber. Ich hab dir einen Vorschlag zu machen: Steh auf und geh nach Hause.
DELCAMPE. Was? Bist du verrückt? Jetzt, mitten in der Nacht?
ODETTE. Mein Bett ist nicht dazu da. Geh nach Hause und beglücke deine Frau mit deinem »besten Schlaf«. Die muß sich ihn gefallen lassen. Ich nicht.

DELCAMPE *zornig.* Und um mir das zu sagen, weckst du mich um zwei Uhr auf, nachdem wir ohnedies bis eins ... auf waren und ich todmüde bin?

ODETTE *verächtlich.* Kann ich dafür, daß du für nichts und wieder nichts todmüde wirst? *Sie wirft sich empört zurück.*

DELCAMPE. Ich habe den anstrengenden Festtag gemeint! Nichts anderes!

ODETTE. Es ist mir gleich, was du gemeint hast. Es ändert nichts an der Tatsache deiner raschen Ermüdbarkeit – in jeder Hinsicht!

DELCAMPE *fährt sich durchs Haar.* Irrsinnig! Um das zu erfahren, wird man um zwei Uhr mit Brutalität aus dem besten Schlaf gerissen! Einfach irrsinnig! *Er legt sich zurück. Das Telephon läutet. Er richtet sich auf.* Chérie! Mir kommt vor, das Telephon?

ODETTE. Ja? Kommt es dir endlich vor? Es läutet bereits zum dritten oder vierten Mal!

DELCAMPE. Nicht möglich! Ich hab gar nichts gehört! Wer kann denn um diese Stunde –! Ah, es wird eine Fehlverbindung sein!

ODETTE. Meinst du? Hartnäckige Fehlverbindungen um zwei Uhr nachts? Nun, möglich wäre es schon ... Seitdem dein Kabinett am Ruder ist, herrscht ja eine Mißwirtschaft, wie sie in Frankreich noch nicht da war!

DELCAMPE. Odette! Ich bitte! Kein Wort gegen mein Kabinett! Kein Wort!!

ODETTE *setzt sich auf.* Was fällt dir ein? Warum schreist du denn? Du vergißt, daß du dich augenblicklich nicht in der Kammer befindest, sondern in meinem Bett! In einem ganz unmöglichen Pyjama, nebenbei!

DELCAMPE. Ich bin nicht empfindlich. Ich lasse mir allerlei an den Kopf werfen. Aber kein Wort gegen die Regierung! Wer, wie ich, den ganzen Tag anhören muß, daß sie schlecht ist, will wenigstens nachts, im Bett seiner Freundin, davor Ruhe haben!

ODETTE. Es ist undelikat, einer Dame anzudeuten, daß man sich in ihrem Bett aufhält.

DELCAMPE. Zum Teufel! Jetzt hab ich aber genug! Ich hab es dir nicht angedeutet, sondern gesagt!

ODETTE. Um so schlimmer! Es ist entsetzlich, daß Frankreich von taktlosen Menschen regiert werden muß.

DELCAMPE. Ach was! Du hast es ja vor zwei Minuten selbst ausgesprochen!

ODETTE. Nun, und –? Ist es vielleicht dasselbe, wenn ich sage *Schmiegt sich zärtlich an ihn, haucht vergehend.* »Marcel, du liegst in meinem Bett!« *Löst sich von ihm.* oder wenn du brüllst: »Madame, ich liege in Ihrem Bett!« –? Siehst du ein, daß du dich unmöglich benommen hast?

DELCAMPE *versucht, sie an sich zu reißen.* Ich sehe ein, daß du der süßeste Teufel bist, der je einen Mann gequält hat!

ODETTE *entzieht sich ihm geschickt.* Bitte, bitte, bitte! Gleich wirst du wieder todmüde werden und in deinen »besten Schlaf« versinken!

DELCAMPE *hitzig.* Ach was, müde! Ach was, bester Schlaf! *Es ist ihm gelungen, sie an sich zu reißen. Er überfällt sie mit Küssen; das Telephon läutet stürmisch. Die beiden fahren auseinander.* Verdammt! Verflucht! Vermaledeit! Schon wieder!

ODETTE. Schon wieder – eine Fehlverbindung?

DELCAMPE. Vermutlich. *Er kniet sich im Bett vor, hebt ab.* Es ist doch irrsinnig, das Telephon nicht auf dem Nachttisch zu haben, sondern bei den Füßen!

ODETTE. Mein System, mich schlank zu erhalten. *Sie macht ihre Übung und kniet sich neben Delcampe vor den Apparat.*

DELCAMPE. Alloh! Hier bei Odette Lef ...

ODETTE *reißt so heftig an der Schnur, daß er das Gleichgewicht verliert; unterdrückt.* Du bist wirklich der dümmste Premier, den Frankreich jemals hatte! Ein fremder Herr, der sich um zwei Uhr nachts an meinem Apparat meldet! Und so was nennt sich Politiker!

DELCAMPE. Chérie *Drohend.* Zum letztenmal! Laß meine Politik aus dem Spiel! Politik ist meine schwache Seite!

ODETTE. Leider! Wenn sie nur deine starke wäre!

DELCAMPE. Wie hätte ich denn sagen sollen?

ODETTE. Alloh! Wer dort?

DELCAMPE. Unmöglich!

ODETTE. Warum? Wieso?

DELCAMPE. Das ist gegen die Telephon Vorschrift. Der Angerufene hat sich zuerst vorzustellen! Dann erst darf er fragen: »Wer dort?« *Das Telephon läutet.*

ODETTE. Gib her! Du bist ja zu dumm! *Sie hebt ab.* Alloh! Wer dort?

DELCAMPE *unterdrückt.* Falsch! Falsch! Das eben ist falsch! Das eben ist gegen die Vorschrift!

ODETTE. Wie? Ministerium des Innern? Da sind Sie falsch verbunden.

DELCAMPE *legt sich befriedigt zurück.* Na also. Eine Fehlverbindung. Was habe ich gesagt?

ODETTE. Unrichtig angeschlossen. Jawohl ... Sagen Sie, bitte: Rufen Sie vielleicht schon öfter an? Acht- oder zehnmal! Ja, welche Nummer wünschen Sie denn? Passy 2346? Also! Da haben wirs! Sie verlangen immer meine Nummer! Geben Sie doch besser acht! Die Tätigkeit Ihres Ministeriums kann sich doch nicht nur darauf beschränken, mich aus dem Schlaf zu wecken! Es gibt doch noch allerlei für Sie zu tun! Ermäßigen Sie die Luxusabgabe ...

DELCAMPE. Unsinn! Wäre allenfalls Sache des Finanzministeriums.

ODETTE. Halten Sie die Autostraßen besser instand ...

DELCAMPE. Das geht das Innenministerium doch auch nichts an!

ODETTE. Verbieten Sie die neuen Abendkleider ...

DELCAMPE. Einfach lächerlich! Dazu hat doch das Innenministerium nicht die geringste Handhabe!

ODETTE *legt die Hand auf die Muschel, schwer gereizt.* Sag mir, was willst du denn eigentlich? Warum unterbrichst du mich denn in so idiotischer Weise unausgesetzt?

DELCAMPE. Weil du von dem guten Mann Dinge verlangst, die ihn nicht das geringste angehn! Es ist einfach aufreizend, wie wenig du mit der Materie vertraut bist!

ODETTE. Schön. Ich erfahre eben, daß Sie mit all dem nichts zu tun haben. Also dann suchen Sie sich vielleicht selbst etwas aus. Aber mich lassen Sie jetzt, bitte, schlafen. Ja? Gute Nacht. Wie? Sie glauben, richtig verbunden zu sein? Bitte? *Pause. Sie sieht Delcampe an.* Ja, hier ist Odette Lefèvre. Die Frau des Autoindustriellen. Ganz richtig. Aber mein Mann ist in Brüssel. Er kommt erst übermorgen zurück ... Das wissen Sie? So. Merkwürdig ... Was wünschen Sie denn dann? *Sie horcht, springt dann mit einem Satz hoch.* Was –? Was haben Sie da eben –? Oh –! Ah –! Oh –!! *Sie findet keine Worte. Halblaut, erstickt, zu Delcampe.* Er fragt, ob nicht ... zufällig ... der Herr Ministerpräsident Delcampe bei mir schläft!!

DELCAMPE *richtet sich auf.* Ha –!

ODETTE *hat sich gefaßt.* Mein Herr! Ich finde keine Worte! Was heißt das: »zufällig«? Ich bitte mir zu sagen, was Sie mit dem »zufällig« meinen! Ich muß einfach nach Luft ringen! *Horcht.* Sie wollten mich nicht beleidigen? Sie wecken mich mit der Frage, ob nicht »zufällig« irgendein Ministerpräsident bei mir schläft ...

DELCAMPE *verletzt.* Chérie, erlaube! Aber das geht zu weit! Ich bin doch nicht irgendein Ministerpräsident! Ich bin doch Marcel Delcampe!

ODETTE. So. Sie finden nichts daran. Ich aber sage Ihnen: Sie werden noch Unannehmlichkeiten haben, mein Herr! Wer hat Ihnen denn überhaupt meine Telephonnummer gegeben? *Entgeistert.* Waas –? Er – – selbst?! *Der Verstand steht ihr still.* Herr Delcampe hat Ihnen selbst gesagt, daß er heute – – hier ...?! Ah! *Sie muß sich zurücksetzen. Die Sprache versagt ihr.*

DELCAMPE *setzt sich auf.* Oh lala, oh lala, oh lala! *Kratzt sich den Kopf.* Das wird Leblanc sein. Ich hab ihm für dringende Fälle die Nummer gegeben.

ODETTE *außer sich, unterdrückt.* Oh, das ist stark. Das ist ... sehr, sehr stark. *Pause.* Du selbst verständigst also deine vertrottelten Ministerien, wenn du einen Abend bei mir verbringst?

DELCAMPE. Aber Liebling! Es ist doch kein Abend. Es ist doch eine ganze Nacht!

ODETTE *schreiend.* Um so ärger!! *Verzweifelt.* O mein Gott! Mich so zu kompromittieren! *Tragisch.* Nie, niemals ist eine Frau in Frankreich so kompromittiert worden!

DELCAMPE. Übertreib doch nicht! Über den ersten Napoleon und die Frauen kursieren da ganz andere Anekdoten. Da war einmal ...

ODETTE *wild.* Laß jetzt den ersten Napoleon aus dem Spiel und erzähl keine Anekdoten! *Gefährlich.* Gib jetzt gut acht, mein Freund: Du hast fünf Minuten Zeit. Wenn du das in diesen fünf Minuten nicht in Ordnung gebracht hast, wird man dich – mit einigem Grund – zum ersten, aber auch zum letzten Mal hier gesucht haben können. Das schwör ich dir – so wahr du weder mein erster Freund bist, noch mein letzter sein wirst!

DELCAMPE *hat sich erhoben, geht um das Bett herum zum Telephon.* Jetzt sollst du mal sehn, wer Marcel Delcampe ist! Alloh! Leblanc? Hier Delcampe. Nein, Sie haben mich nicht geweckt! Ich schlafe doch hier nicht! Ich arbeite! Gewiß. Ich sitze am ... Schreibtisch und arbeite. Ganz recht, mein Freund. Ich arbeite hier oft die Nacht durch ... Ja, Arbeit allein kann uns retten ... So ist es. Das Wohl der Nation über alles. Nein, das Publikum hat keine Ahnung ... Aber was gibts denn, guter Leblanc? Wer? Der Redakteur Coutrier? Aus Verdun, sagen Sie? Ist diese Nachricht aber auch wirklich so wichtig, daß sie nicht bis morgen ...? Ja, dann lassen Sie ihn mit mir verbinden. *Lauter, angestrengter.* Alloh Verdun!! Ist dort Coutrier?? Ja, hier Delcampe! *Er lauscht angestrengt.* Was? Was?? Ich verstehe kein Wort! Bitte wiederholen Sie, was Sie gesagt haben! *Er wischt sich das Ohr, horcht angestrengt, macht ein dummes Gesicht.* Bitte, ich habe jetzt etwas sehr Irrsinniges verstanden! Ich muß Sie bitten, ein drittes Mal ...! *Er lauscht, Pause.* Jetzt werde ich Ihnen wiederholen, was ich verstanden habe. Sie berichten mir, daß die – Toten auferstehn! So ... Nicht die Toten, sondern die Gefallenen ... *Er setzt sich auf die Bettkante und starrt Odette stupide an.* Was sagst du dazu? Die Gefallenen stehen auf! Coutrier telephoniert aus Verdun ...

ODETTE *verständnislos.* Die Gefallenen? Wieso? Warum? Wozu? Was heißt das?

DELCAMPE. Keine Ahnung! *Plötzlich pfeift er leise vor sich hin.* Ah, ich beginne zu kapieren! So ist das gemeint! So ... *Streng ins Telephon.* Herr Coutrier – ich muß mich wundern! Nein, bitte, unterbrechen Sie mich nicht! Ich wiederhole: ich muß mich wundern! Ich stehe seit fünfunddreißig Jahren im politischen Leben, Herr Coutrier! Ich war selbst Journalist und immer ein Freund der Presse. Aber ich ernte Undank. Jawohl, Undank! Nein, bitte, unterbrechen Sie mich nicht! »Die Gefallenen stehen auf!« Ich bin nicht begriffsstutzig: Die Presse kommentiert meine heutige Rede übel. Ich weiß nicht, warum. Aber ich nehme es zur Kenntnis. Und ich verantworte jedes Wort! Sagen Sie das Ihren Freunden, Herr Coutrier! Aber sagen Sie ihnen auch, daß man nicht erst die ... Gefallenen aus ihren Gräbern zu bemühen braucht, wenn man meine Demission will! Ein Mißtrauensvotum mit Mehrheit – und man hat sie! Berichten Sie das Ihren Auftraggebern, Herr Coutrier! Und jetzt gute Nacht! Was? Nein, bitte, kein weiteres Wort darüber! Schluß! *Er haut den Hörer in die Gabel.* Sogar der! Ein Schuft wie der andere! *Wirft sich ins Bett.*

ODETTE. Sag, Marcel, was kann das Ganze bedeuten?

DELCAMPE. Was anders als eine Intrige gegen mich? Ich durchschaue sie noch nicht – aber hat man denn anderes im Kopf, als mir Schwierigkeiten zu bereiten? Ich sage dir: wenn es selbst so etwas wie eine Auferstehung gäbe; wenn die Gefallenen wirklich auferstünden – ich glaube, sie tätens nur, um mein Kabinett zu stürzen! Ach, hol der Teufel das Ganze. Schlafen wir endlich, Chérie! Gute Nacht!

ODETTE *zärtlich.* Gute Nacht, armer, armer Liebling! *Sie greift ihm ins Haar, zieht ihn an sich, küßt ihn. Dann legt sie sich zurück und schaltet die Lampe aus.*

Die Bühne verdunkelt sich.

Sechstes Bild

Personen.

Dr. Overtüsch, der Reichskanzler

Frau Overtüsch

Berlin
Bei Overtüsch. – Um dieselbe Stunde

*

Ein Raum von altmodisch-bürgerlicher Behaglichkeit.
In der Mitte rückwärts die beiden Ehebetten mit den Nachttischchen. Am Fußende Stühle
mit den abgelegten Kleidern. Über den Betten: große, gerahmte Photographie, das Ehepaar
als Hochzeitspaar darstellend. Mode 1900. – Rechts vorne: Kleiner Schreibtisch mit
Telephon. Darüber Bücherbrett mit den Klassikern in Goldschnitt und dem Lexikon.
Dr. Overtüsch und Frau Overtüsch schlafen. Das Telephon läutet.

FRAU OVERTÜSCH *erwacht, schaltet die Nachttischlampe ein.* Nanu –?
OVERTÜSCH *rührt sich.* Hast du was, Muttchen?
FRAU OVERTÜSCH. Das Telephon, Vatchen. Wieder einmal! Ich will nachsehn, was es gibt.
OVERTÜSCH *munterer.* Soll ich nicht vielleicht ...?
FRAU OVERTÜSCH *hat über das Nachthemd den Schlafrock geworfen.* Was dir nicht einfällt! Wo du heute so einen anstrengenden Tag hinter dir hast! Die Reden und all das dumme Zeug ... *Verärgert.* Aber recht ist es nicht von ihnen. Früher haben sie uns wenigstens in Ruhe schlafen lassen. Nun gewöhnen sie sich an, uns jede Nacht zu stören.
OVERTÜSCH. Dafür sind wir doch jetzt Reichskanzlers, Muttchen, und früher waren wirs nicht.
FRAU OVERTÜSCH. Damit entschuldigst du jetzt immer alles, was sie uns antun.
OVERTÜSCH. Murr nicht, Muttchen, dadurch wirds nicht besser, sondern schlimmer. Man muß seine Pflicht tun – bei Tag und bei Nacht.
FRAU OVERTÜSCH. Gut, gut, Vatchen. Ich tu ja auch schon meine Pflicht. *Hebt den Hörer ab; pompös.* Hier – die Reichskanzlerin! Wer dort? Wer? Das A.A.? Natürlich!

Jede Nacht: das Auswärtige! Ob Sie uns geweckt haben? Selbstverständlich haben Sie das, Freundchen! Oder meinen Sie, wir schaun um zwei Uhr morgens zum Fenster raus?

OVERTÜSCH. Frag ihn doch, was er will!

FRAU OVERTÜSCH *horcht, schüttelt mißbilligend den Kopf.* Soso. Eine bedeutungsvolle Nachricht ... Sagen Sie bloß, Freundchen, woher wissen denn Sie, ob eine Nachricht bedeutungsvoll ist oder nicht? Wozu wären denn dann wir da, wenn Sie das schon entscheiden könnten, wie?

OVERTÜSCH. So frag ihn doch schon, was es gibt!

FRAU OVERTÜSCH. Nur immer mit der Ruhe, Vatchen. Eine alte Frau wie ich ist doch kein Luxuszug! *Ins Telephon.* Na, denn man los! Platzen Sie schon raus mit Ihrer bedeutungsvollen Neuigkeit. *Sie hört unbewegt zu, schüttelt nur ab und zu staunend den Kopf.* Nein, so was! So was! Nicht zu glauben ... Was es jetzt nicht alles gibt ...! In Frankreich, sagen Sie? Na, das ist recht. Sollen die nur auch mal ihre kleinen Annehmlichkeiten haben. Die werden sonst gar zu üppig ... Aber sagen Sie mal, Besterchen: Warum haben Sie denn da eigentlich uns aus dem Schlaf geklingelt? Was können denn wir dazu tun? Da müssen Sie doch ganz 'n anderen raustrommeln! Wen? Na, ich denke, die Herren vom Kirchensenat? Oder vom Oberkirchenrat? Den päpstlichen Nuntius? Den Erzbischof? Den Oberrabbiner, meinswegen! Aber doch nicht den Reichskanzler! Der hat doch mit Toten nichts zu schaffen! Dem geben schon die Lebenden genug aufzuknacken! Sehen Sies auch ein, Männchen? Ja –? Freut mich, freut mich. Dann ist ja wieder alles schön und gut. Nur immer an die kompetenten Stellen ... Dann ist Ordnung im Reich, und ohne Ordnung is nich zu machen ... Nein, wir tragens nicht nach. Gute Nacht, Besterchen. *Legt auf, geht zu Bett.* Zu merkwürdig, daß sich die Leute nie in den Kompetenzen auskennen. Wie sollen wir da Ordnung halten im Reich?

OVERTÜSCH. Was hats denn gegeben?

FRAU OVERTÜSCH. Nicht der Rede wert, Vatchen. Bring dich nicht aus dem Schlaf. Mit Frankreich was und mit Toten. Das hat auch morgen Zeit.

OVERTÜSCH. Na, dann gute Nacht, Muttchen. *Legt sich auf die andere Seite.*

FRAU OVERTÜSCH. Gute Nacht, Vatchen. *Pause. Sie sitzt nachdenklich da.* Nein, nein, nein! Diese heutige Zeit! Außer Rand und Band! So was hats früher doch nicht gegeben! Kein Verlaß mehr heute auf nichts! *Pause.* Aber dem Delcampe, diesem Ekel, dem gönn ich das von Herzen! *Sie legt sich gleichfalls auf die Seite, schaltet das Licht aus.*

Die Bühne verdunkelt sich.

Siebentes Bild

Personen.

Lord Grathford, der englische Ministerpräsident

Leeds, sein Kammerlakai

London
Bei Grathford. – Um die gleiche Stunde

*

Das Schlafgemach. Ein weiter, hoher Raum, mit strenger Erlesenheit eingerichtet. Prunkbett. Rechts und links davon Tische mit Büchern und Schriften. Zwei altsilberne Leuchter, für elektrisches Licht eingerichtet. Telephon.
An den Wänden Gobelins und Gemälde. Eine Photographie Eduards VII.
Es ist dunkel. Lord Grathford liegt zu Bett. Doch schläft er nicht, er raucht – was man am Rotglühen seines Pfeifenkopfes merkt. – Das Telephon schnarrt leise. Im Augenblick darauf schaltet Grathford das Licht in den beiden Leuchtern ein und drückt auf den Knopf der Klingel.

LEEDS *sein Kammerlakai, erscheint; Licht im Kronleuchter.* Mylord?
GRATHFORD. Das Telephon, Leeds.
LEEDS. Mylord wurden in dieser ... respektlosen Weise geweckt?
GRATHFORD. Ich habe noch nicht geschlafen. Wieviel Uhr ist es, Leeds?
LEEDS *ohne auf die Uhr zu blicken.* Zwei Uhr weniger elf Minuten, Mylord. Ich habe mir schon wiederholt erlaubt, Mylord ehrfurchtsvoll nahezulegen, dieses ... *Verächtlich.* Instrument im Vorsaal unterbringen zu lassen.
GRATHFORD. Wozu wäre das gut, Leeds?
LEEDS. Mylord kämen dann nicht in die ungewöhnliche und peinliche Lage, zu anderen beliebiger Stunde – Audienz gewähren zu müssen.
GRATHFORD. Das Telephon ist eine demokratische Einrichtung. Du denkst nicht demokratisch, Leeds.
LEEDS. Wenn Mylord mir die ehrerbietige Bemerkung gestatten: ich verabscheue die Demokratie.

GRATHFORD *nach einer Pause.* Ich auch, Leeds. Aber ich darf es leider nicht so offen sagen wie du. *Das Telephon schnarrt lebhafter.*

LEEDS *verzieht das Gesicht.*

GRATHFORD *raucht, hört hin.* Hm ... einigermaßen lebhaft und laut. Findest du nicht?

LEEDS *verächtlich.* Demokratisch, Mylord.

GRATHFORD. Bitte, sieh nach, Leeds.

LEEDS. Mylord befehlen. *Er geht gemessen zum Apparat, hebt ab.* Hier – Josua James Leeds, erster Kammerlakai Seiner Lordschaft, des Herrn Premierministers Lord Grathford, Herzogs von Malmsburry ... Dort –? *Zu Grathford.* Mister Stapleton aus der Downingstreet, Mylord.

GRATHFORD. Bitte, frag ihn, was er will, Leeds.

LEEDS. Trotz der ungewöhnlichen Stunde Ihres Anrufes, Sir – es ist ... zwei Uhr weniger sieben Minuten, Sir! – sind Seine Lordschaft nicht gänzlich abgeneigt, zu erfahren, was das Foreign Office wünscht ... *Zu Grathford.* Mister Stapleton meint, Mylord eine Meldung von größter Wichtigkeit selbst erstatten zu müssen.

GRATHFORD. Er soll dir sagen, was er will, Leeds, oder er soll es bleiben lassen.

LEEDS. Seine Lordschaft stellen es Ihnen anheim, Sir, sich entweder meiner zur Weitergabe Ihrer Meldung zu bedienen oder darauf zu verzichten, sie Seiner Lordschaft zur Kenntnis zu bringen, Sir ... *Er lauscht. Zu Grathford.* Mister Stapleton rät mir, mich festzuhalten, Mylord. *Ins Telephon.* Nein, Sir, ich halte mich nicht fest, aber ich glaube nicht, daß ich umfallen werde. Ich halte vieles aus. Seitdem Mitglieder der Labour Party regieren konnten, ohne daß etwas Besonderes geschah, kann mich nichts mehr aus dem Gleichgewicht bringen, Sir. *Horcht, dann unbewegt.* Das Foreign Office hat die Nachricht erhalten, daß Tote auferstehen, Mylord. *Es hat nicht den geringsten Eindruck auf ihn gemacht.*

GRATHFORD *raucht unerschüttert.* Wo, Leeds?

LEEDS. Wo, Sir? *Lauscht.* In Frankreich, Mylord.

GRATHFORD *raucht, verzieht keine Miene.* Sag ihm, bitte, Leeds, daß das ... eine Angelegenheit des Kontinentes ist und uns vorderhand weiter nicht interessiert. *Raucht weiter.*

LEEDS *mit Genugtuung.* Das ist eine Angelegenheit des Kontinents, Sir, und interessiert uns ... selbstverständlich weiter nicht. Gute Nacht, Sir. *Legt auf.*

GRATHFORD *nach einer Weile.* Leeds, du hast um ein »vorderhand« zu wenig und um ein »selbstverständlich« zu viel gesagt. Warum, Leeds?

LEEDS *nach einem Augenblick, sehr gehalten.* Weil ich glaubte, daß Mylord um ein »vorderhand« zu viel und um ein »selbstverständlich« zu wenig gesagt hätten, Mylord.

GRATHFORD *rauchend.* Hm –? *Pause.* Das hat manches für sich, Leeds. Gute Nacht. *Er schaltet die Leuchter aus.*
LEEDS. Gute Nacht, Mylord. Geruhen Mylord gut zu ruhen. *Er entfernt sich auf den Fußspitzen und schaltet im Abgehen den Kronleuchter aus.*

Die Bühne verdunkelt sich.

Achtes Bild

Personen.

Menschenhaufen

Zeitungsjungen

Erster
Zweiter
Dritter
Vierter, Zeitungsjunge

Verron

Frau Verron

Erster Mönch

Zweiter Mönch

Weiber

Eine Prozession

Platz in Verdun

*

Am fruhen Morgen.
Von allen Seiten strömen Menschenhaufen zusammen. Wildes Schreien, Kolportieren
wilder, unsinniger Gerüchte.

ERSTE. Gott im Himmel! Was gibts denn?
ZWEITE. Was ist denn geschehn?
DRITTE. Die Regierung Delcampe ist gestürzt!

VIERTE. Der Teufel soll sie holen! Deswegen dieser Lärm? Man wird eine andere finden!

FÜNFTE. Paris brennt! Paris brennt! Auf allen Seiten brennt Paris!

DRITTE. Telegraph und Telephon sind unterbrochen! Es gibt keine Verbindung mehr mit Paris!

FÜNFTE. Baut Barrikaden! Holt Waffen! Die Kommunisten haben die Diktatur des Proletariats ausgerufen! Paris brennt! Auf allen Seiten brennt Paris!

ERSTE, ZWEITE UND DRITTE. Nieder mit den Kommunisten! Nieder mit Moskau! Nieder! Nieder!

SECHSTE. Nicht die Kommunisten! Die Faschisten! Die Italiener! Die Italiener sind eingebrochen!

ALLE. Nieder! Nieder mit ihnen! Holt Waffen! Barrikaden!

SIEBENTE. Zeppeline!! Zeppeline!! Zeppeline vergasen die Städte! In die Keller! In die Keller! Die Boches kommen in Zeppelinen!!

ALLE. Nieder! Nieder! In die Keller! Rettet euch! Die Boches kommen mit Zeppelinen! Rettet euch! *Alles strebt panikartig auseinander.*

ACHTE *strömen schreiend herbei.* Ein Wunder! Ein Wunder! Das größte Wunder aller Zeiten! Die Toten sind auferstanden!!

VIELE. Wer? Was? Was sagt ihr?

NEUNTE *verstärken die Gruppe der Achten.* Die Toten des Weltkrieges! Die Gefallenen! Ein Wunder ist geschehen! Die Gefallenen sind auferstanden!

VIELE. Unsinn! Unsinn! Es gibt keine Wunder! Laßt euch doch keinen Bären aufbinden!

ZEITUNGSJUNGEN *laufen von allen Seiten herbei.* Extraausgabe! Extraausgabe! Das größte Wunder seit Erschaffung der Welt – 10 centimes! Die Auferstehung auf den Soldatenfriedhöfen – 10 centimes! Die ersten authentischen Berichte – 10 centimes! Berichte von Augenzeugen und Gewährsmännern – 10 centimes! Extraausgabe! Extraausgabe! *Man umringt sie, kauft. Die Jungen eilen weiter.*

ANDERE ZEITUNGSJUNGEN *stürmen auf den Platz.*

ERSTER. Extraausgabe des »Journal«: Die Auferstehung um Verdun!

ZWEITER. Extraausgabe des »Temps«: Panikszenen in Städten und Dörfern!

DRITTER. Extraausgabe der »Grande Nation«: Die Auferstandenen pazifistisch durchseucht!

VIERTER. Extraausgabe der »Humanité«: Der Klerus aller Konfessionen gänzlich unvorbereitet! Fassungslosigkeit im Vatikan! Die Regierung Delcampes vor dem Sturz!

DRITTER. Schmähliche Szenen auf den Friedhöfen: Auferstandene Franzosen und Deutsche Arm in Arm! Empörung in französischen und deutschen nationalistischen Kreisen!

VIERTER. Verbrüderungsszenen auf französisch- deutschen Friedhöfen! Die Kriegsbourgeoisie erzittert! Die Weltrevolution marschiert!
ERSTER UND ZWEITER. Extraausgabe! Extraausgabe! Nur zehn centimes!

Die Zeitungsjungen verkaufen Blätter und stürmen weiter.

VERRON UND FRAU VERRON *drängen sich durch die lesende Menge.*
VERRON. Mein Herr ... Meine Dame ... Verron, mein Name ... Ich heiße Verron ... Das Wunder ... Das große Gotteswunder ... *Man hört nicht auf ihn.*
FRAU VERRON. Meine Dame ... Mein Herr ... Auch wir ... Auch wir ... Wir haben auch einen Sohn verloren ... Das einzige Kind ... Wir sind schon so alt ...
VERRON. Ist er darunter –? Lebt er wieder –? André Verron – so war sein Name ...
FRAU VERRON. Gott würde Ihnen die Antwort lohnen, mein Herr ... Meine Dame ... Gewiß wird Gott es Ihnen dereinst lohnen ... *Niemand hört auf sie. Sie gehen weiter.*
ERSTE. Es ist wahr! Es ist wahr!
ZWEITE. Ein Wunder! Ein Gotteswunder!
DRITTE. Unsinn! Redet doch keinen Unsinn! Es gibt keinen Gott! Und es gibt keine Wunder!
VIELE. Lästert nicht! Lästert nicht! Gebt es nicht zu, daß die lästern.
VIERTE. Noch haben sich die Universitäten nicht geäußert!
FÜNFTE. Jawohl! Die Wissenschaft! Die Wissenschaft wird schon eine Erklärung finden!
SECHSTE. Es gibt keine Erklärungen für Wunder, ihr Narren!
SIEBENTE. Weil es keine Wunder gibt, ihr Dummköpfe!
ACHTE. Strohköpfe seid ihr! Ungläubige Narren und gottlose Dummköpfe! An die Laternen sollte man euch hängen! Gott hat ein Wunder vollbracht! Das größte Wunder seit Erschaffung der Welt! *Hohngelächter der anderen. Zusammenstöße drohen.*
NEUNTE *strömen unter Führung eines Mönches heran.*
MÖNCH *in zerfetzter Kutte, das Kreuz wild hochschwingend, ekstatisch, mit irrem Blick.* Ihr! Ihr!! Ihr!!! Was steht ihr bedeckten Hauptes? Was giert ihr nach Sensation und lauft geschäftig umher – als ob es um schnöden Gewinn ginge und schmutzigen Profit und nicht um das Heil eurer verfinsterten Seelen?! Warum, Vermaledeite, steht ihr noch aufrecht? Warum scheuern eure geilen Knie sich nicht längst wund im Gebet? Verruchte! Verfluchte! Warum verbergt ihr nicht eure feilen Gesichter vor dem Zorne des Herrn?! Von Gott Verworfene! Warum reckt ihr nicht eure besudelten Arme zum Himmel?? Larven der Finsternis!! Warum reinigt ihr nicht eure raffgierigen Hände durch frommes Falten im Gebet?? Beute der Hölle!!! Gestern noch gefressen, gesoffen, mit Wollust gehurt, und heute – – – vor dem Angesicht des Herrn??? Wie wollt ihr

bestehen, Elende, wie ewiger Verdammnis, wie der Hölle entgehen?? Fort! Fort!! Fort!!! In die Kirche mit euch – wenn ihr euer Seelenheil zu retten versuchen wollt! In die Kirchen!! In die Kirchen!!! *Er rast weiter, von seiner Schar gefolgt. Ganz ferne beginnen die Glocken zu läuten.*

VIELE *folgen ihm.* In die Kirchen! In die Kirchen!

VIELE *sind in die Knie gesunken.*

WEIBER *kommen heran.* Unsere Söhne! Unsere Männer! Jesus! Jesus! Der Meine kommt zurück! Der Meine kommt wieder! Maria! Maria! Er lebt! Er kommt wieder! Der Meine! Der Meine! Jesus! Maria!

ZEHNTE *strömen heran und tragen auf ihren Schultern den zweiten Mönch.*

ZWEITER MÖNCH *jung, geistig, verzückt.* Jauchzet, ihr Menschen, und jubelt! Was verheißen – hat sich erfüllt! Angebrochen ist der Tag des Herrn – da man am wenigsten ihn erwartet! Wie der Feind des Nachts die Unvorbereiteten überfällt, so wird er treffen die Ungläubigen, die im Dunkel sicher zu ruhen wähnten! Die Gläubigen aber, die ihn erwartet – sie sind nicht in der Finsternis, die zum Schlaf verführt! Söhne des Lichtes sind sie und des Tages – und um sie ist es strahlend und hell! Jauchzet drum, ihr Menschen, und jubelt! Streuet Blumen auf die Straßen und kränzet eure Häuser! Stellet Kerzen in die Fenster und die Bilder der Heiligen! Ziehet Feiertagsgewänder an und schart euch zu Prozessionen! Lobpreiset den Herrn und singet Ihm Dank! Denn Er hat das Wunder der Wunder vollbracht! Die ihr getötet – hieß Er auferstehen! Und wieder leben – die ihr in den Tod geschickt! – Abel, von Kain erschlagen, ist zu neuem, zu ewigem Leben erwacht!! Halleluja, ihr Men schen, halleluja! Jauchzet und jubelt: was euch verheißen – es hat sich erfüllt!!!

Man trägt ihn weiter. Eine Prozession, geführt von Priestern in vollem Ornat, erscheint lobsingend. Die Menschen auf dem Platz sind nach und nach in die Knie gesunken. Nun gibt es nur noch Kniende und Betende.
Die Glocken, die vordem schwach und aus der Ferne geklungen, dröhnen jetzt in verschiedener Tönung, laut und mächtig aus nächster Nähe, und hallen, sich zur Größe steigernd, ehern in den Jubelgesang der Prozession.
Die Bühne schließt sich.

Neuntes Bild

Personen.

Ein Trupp Auferstandener, darunter:

Wittekind

Hessel

Weber

Schmidt

Sonneborn

Schröder

Lehmann

Vaudemont

Verron

Morel

Dubois

Roubeau

Baillard

Kornfeld an einer Straßenkreuzung

*

Besonntes, sanft gewelltes Land.

Im Hintergrund Wiesen, Felder, bewaldete Hügel.
Im Vordergrund, gegen rückwärts leicht ansteigend, ein Kornfeld, zur Hälfte gemäht.
Vorne und rechts wird es durch Landstraßen begrenzt. An der Kreuzung stehen einander
vier hölzerne Pfähle mit Orientierungstafeln und Pfeilen schräg gegenüber, in den Farben
der Trikolore gestrichen.
Pfeil und Tafel, nach Osten gerichtet, zeigen an: »Nach Verdun«. Nach Westen: »Nach
Paris«. Nach Norden: »Nach Sedan«. Nach Süden: »Nach St. Ménéhould«.
Es ist früher Morgen. Ungefähr um die gleiche Stunde, in der sich die Ereignisse des
letzten Bildes begeben.
Ein Trupp Auferstandener rastet im Kornfeld.
Links vorne liegen Hessel und Verron. In einigem Abstand: Baillard, Morel, Weber,
Lehmann, Roubeau, Dubois, Schmidt, Sonneborn.
Weiter rückwärts, inmitten einer Gruppe anderer: Wittekind und Vaudemont.
Die Auferstandenen liegen zumeist auf dem Rücken und starren zum tiefblauen Himmel.
Einige sitzen
auch halb aufgestützt und betrachten mit weiten, staunenden Augen das Land um sich.
Die vorne stoßen ab und zu Brocken stiller Selbstgespräche, scheinbar ohne jeden
Zusammenhang, heraus. Was sie sprechen ist für sie, nicht für die andern, bestimmt.
Die rückwärts summen leise die eintönige Melodie eines Soldatenliedes vor sich hin.

MOREL *liegt auf dem Rücken, starrt zum Himmel.* Weiß ... Ganz weiß war es getüncht ... *Stille.* Es war nicht hoch, nein ... Und es hatte ... Einen Giebel hatte es. *Stille.* Und auf dem Giebel ... auf dem stand – ein Wetterhahn. Der ... Der ... Also, wenn der Wind wehte – drehte sich der! *Kurzer, erstickter Lachlaut.* Wie ... sie ... über den lachen konnte!

DUBOIS *nach einer Weile.* Das Dach über dem Kuhstall ... Das Dach. Ja. Das war kaputt. Aber sonst: das Vieh, das Feld, der Hof, das Haus ... *Stille.* Und ich – der Bauer. Der Bauer!!

SCHMIDT. Na ja, im Winter! Da war das manchmal eine Plage ... Da konnte man ... Hundertmal konnte man da rufen: »Vorgehn! Bitte, ins Wageninnere vorgehn!« Haben sich nicht von der Tür ... Nicht von der Tür haben sich die gerührt! »Fahrt nicht weit.« »Steigt schon aus.« Ausreden. Faule Ausreden. Aber sonst ... Sonst ... Da war das schon ... Ja, da war das schon was Rechtes ...

ROUBEAU. Drei Stockwerke hoch ... Nein, vier! Und eine ganze Straße lang – alles aus Beton. Jede Werkstatt hoch und hell. Licht von allen Seiten. Das war eine Fabrik! *Stille.*

SONNEBORN. Auf der Bühne ... Wenn ich auf der Bühne stand ... Das Theater voll und aller Augen auf mich gerichtet ... und ich mußte einen ganzen Abend lang ödes, albernes Zeug plappern ... Da war das ... Da war das manchmal zum Verzweifeln ... Aber dann ... Wenn ich dann wieder den – Ferdinand ...! Oder gar den – Hamlet ...!! Da ... Ja, da war das schon die sonstige Erniedrigung und Demütigung wert ...

LEHMANN. Aber am schönsten, am schönsten war es doch immer erst nach Büroschluß ... Wenn die ändern alle fort waren und ich allein blieb ... In der rechten Schreibtischlade, unter der Strazze, der Tee und der Zucker ... Das Deckenlicht, das schaltete ich aus. War mir zu grell. Bloß die Schreibtischlampe mit dem grünen Schirm ... *Stille.* Wie diese Gasöfen leise singen ... Und in siedendes Wasser konnte ich stundenlang schauen ... Das Meer hab ich nie gesehn ...

MOREL. Im Fenster – die Auslage mit den fertigen Schuhen. Daneben – die Tür. Grüne Glastür ... Über der Tür – das Schild. Auch grün ... Und auf dem Schild *Zeichnet die Buchstaben in die Luft.* Jean Jac-ques Mo-rel, Schuster. *Pause.* Das, ja, das – war ich ... *Stille.*

DUBOIS. Die Braune, die war trächtig ... Ob sie wohl das Dach – ohne mich? War immer eine Tüchtige. Wird schon damit zurechtgekommen sein. Ist auch mit allem anderen fertiggeworden – ohne mich ...

ROUBEAU. Im Maschinenraum die neue Fräsmaschine ... Was das Luder Mucken hatte! Tat erst ganz gutmütig – und dann, mit einem Mal, heimtückisch in die Finger, daß das Fleisch flog und die Knochen splitterten! Na, mir war die nicht über! Mir nicht! Die lief unter mir – wie ein lammfrommer Gaul lief die unter mir ...!

WEBER. Das kleine Gastzimmer mit der Lampe! In der linken Ecke der Stammtisch der Kameraden ... Wie gut die Mutter alles zusammenhielt! Und Girgenrath! Mein Freund Girgenrath! Das war ein Kerl! Der stand ihr in dieser Zeit zur Seite – das ist gewiß ...

Eine Weile Stille. Das Summen verdichtet sich allmählich zu einer Strophe.

> Malheur pour nous,
> Malheur pour vous,
> Malheur pour toute la ronde.
> Pour toutes les femmes comme les enfants;
> Malheur pour tout le monde.

Sie summen die Melodie weiter.

VERRON *hat sich ein wenig aufgerichtet, sehr langsam, still.* Gelbe Felder. Grüne Wiesen. Dunkle Wälder – rings um uns ...

HESSEL *liegt auf dem Rücken, blickt empor.* Himmel über uns – statt Erde.

VERRON. Heißes Licht!
HESSEL. Statt Kälte. Nacht. *Stille.*
VERRON *wendet den Kopf.* Vögel fliegen! *Stille.*
HESSEL *horcht nach dem Boden.* Grillen zirpen ...
VERRON *wendet gleichfalls den Blick zu Boden.* Käfer kriechen.

Pause.

HESSEL. So wie einst. *Stille.* Unterstände sind verschwunden!
VERRON. Keine Gräben! Keine Trichter!
HESSEL. Nichts reißt mehr die Erde auf. *Stille.*
VERRON. Bäume – warn doch kahl geschossen?
HESSEL. Haben sich vom Krieg erholt.
VERRON. Eingeebnet auch die Felder!
HESSEL. Korn wächst drauf. Kartoffeln. Rüben.
VERRON. Roter Mohn steht – wo wir fielen. *Stille.*
VERRON *dessen Blick ins Weite geht, tastend.* War ein ... Kornfeld – ganz wie dieses?
HESSEL *in gleicher Weise, gepackt.* Doch das Korn – das war verbrannt!
VERRON. Trommelfeuer, Gasgranaten.
HESSEL. Wild zerwühltes Trichterfeld.
VERRON. Gräben hüben, Gräben drüben.
HESSEL. Dieses Kornfeld – Niemandsland. *Stille.*
VERRON *bedrängt.* Mußten vor!
HESSEL. Wir – mußten abwehrn!
VERRON *suchend.* Oder – Abwehr?
HESSEL. Gegenstoß –?
VERRON. Lag mit einem Mal im Trichter.
HESSEL. Ging mir grade so wie dir. *Stille.*
VERRON. Hob den Kopf und blickte um mich ...
HESSEL. Da – sah einer starr zu mir! *Pause, langsam.* Schmales Antlitz, gute Augen ...
VERRON. Hohe Stirn und kluger Blick ...
HESSEL. Sah die Furcht in seinen Zügen ...
VERRON. Die – Verzweiflung im Gesicht!
HESSEL. Wollt dir helfen!
VERRON. Wollt dich schonen!
BEIDE *in einem erstickten Aufschrei.* Doch die Hand –!! *Nach einer Pause, tonlos.* – –
die wollte nicht ... *Stille.*

HESSEL *müde.* Die Pistole.

VERRON *müde.* Handgranate.

HESSEL *ergeben.* Mußt sie schleudern – denn sie schoß ...

VERRON *ebenso.* Mußte schießen – denn sie warf ... *Stille. Man hört nur das Summen der von rückwärts.*

MOREL *nach einer Weile.* Hatten so eine ... Eine eiserne Schelle hatten wir ... Öffnete man die Tür, machte die ... *Sehr dünn.* »Kling!« *Kurzer, erstickter Lachlaut.* Überflüssig, natürlich. Denn vorn, in der Werkstatt, unter der Lampe, da saßen wir. Vadinet, der Geselle, und ich. Und rückwärts, in der Küche – sie. *Pause.* Aber ... der Kaufmann gegenüber hatte eine, na – und es machte ihr eben Freude ...

ROUBEAU. Die Schirmgriffe, die Spazierstöcke, die Schachfiguren! König, Königin, Turm! Die traf keiner wie ich. Und die Maschinen! Wenn irgend was kaputt ging: »Roubeau, hilf! Nur du kannst das schaffen, Roubeau!« *Pause.* Ja. Das hat Annette ... Das wird ihr wohl gefallen haben ... Sonst hätte die ja nicht grade mich ... So eine! Die konnte doch haben ... Wen die wollte, konnte die haben ...!

SONNEBORN. Alt wollt ich werden ...! Ich wollte alt werden! Das hab ich mir immer gewünscht ... Na, nicht gerade steinalt; aber so alt, um den Lear so richtig ... Denn den Lear, den hätte ich dann zum Schluß ... Ja. Den Lear. Das wäre ... Ein sinnvolles Ende wäre das gewesen ...

BAILLARD. Baillard war ich. Bankier Baillard ... Frau und Kinder! Häuser, Güter, Weiber, Autos, Geld ... Alles! Um vieles mehr, als ich brauchte ... *Stille. Er öffnet die Faust, betrachtet sie nachdenklich.* Was blieb mir davon in der Hand –? Erde ... Erde ...

Das Summen hat sich wieder zu einer Strophe verdichtet:

A la guerre comme à la guerre.
Et la guerre – c'est la misère.
La misère est partout:
Nix du vin et nix du pain – rien du tout ...

Sie summen die Melodie weiter.

WITTEKIND UND VAUDEMONT *haben sich zu den Orientierungstafeln begeben, lesen.*

VAUDEMONT *liest ab.* Grand-Pré und nach Sedan. St. Ménéhould, Dijon. *Er wendet sich nach Westen.* Nach Reims und nach – Paris ... *Er blickt westwärts.*

DIE FRANZOSEN *haben sich aufgerichtet und blicken nord-, süd- oder westwärts.*

WITTEKIND *liest ab.* Verdun. *Pause, zeigt nach Osten.* Dort geht es nach Verdun ... Und über Verdun hinaus – nach Deutschland. *Stille.* Deutschland!
DIE DEUTSCHEN *haben sich aufgekniet und star ren gebannt nach Osten; leise.* Deutschland – –! *Die Mützen oder Stahlhelme tragen, nehmen sie, mit Wittekind zugleich, ab.*

Die Bühne verdunkelt sich.

Zehntes Bild

Personen.

Paul Vadinet, Dorfschuster

Frau Vadinet

Jacques, Geselle

Jeannette

Gendarm

Pfarrer

Dorfbewohner

Morel

Dorf an der Suippe
Schusterwerkstatt. – Etliche Stunden später

*

Die Dorfstraße.
Links: Kleines, weißgetünchtes Häuschen mit Giebel und grüngestrichenem Wetterhahn,
der sich im Wind leise bewegt. Von der Straße führen drei
Stufen zu einer grüngestrichenen Glastür. Darüber Schild, gleichfalls grün gestrichen,
mit der Aufschrift: Paul Vadinet, Cordonnier. Neben der Tür das Auslagefenster mit
den fertigen Schuhen.
Die dem Zuschauerraum zugekehrte Wand des Häuschens fehlt, so daß man in sein
Inneres blickt: Geräumige Schusterwerkstatt. Im Hintergrund eine Tür in die Küche;
eine andere ins Wohnzimmer. –
Meister Vadinet, großer, starker Mann, Mitte der Vierzig, sitzt seinem Gesellen Jacques
gegenüber.

JACQUES *Anfang der Zwanzig, ist ein hübscher Junge.* Also, wenn ich was zu sagen hätte – ich wüßte es längst! Schließlich hat man doch Flugzeuge? Nicht? Möchte bloß wissen, wozu man Flugzeuge hat! *Vadinet schweigt.* Aber nein! Die in Paris glauben wohl, daß die Aeroplane nur zum Bombenabwerfen gut sind ... Kein Telegraph, kein Telephon. Nicht einmal Verbindung mit Reims ... Von Paris oder gar von Verdun – nicht zu sprechen! *Vadinet schweigt.* Da soll man arbeiten – und es gehn vielleicht die unglaublichsten Dinge in der Welt vor! *Vadinet schweigt.* Es geschehn am Ende wirklich Wunder – und man ist nicht dabei! *Vadinet schweigt.* Beim Bäcker, beim Schmied, beim Tischler, beim Schneider – nirgends wird gearbeitet! Bloß wir, Meister, bloß wir tun, als ob es nichts anderes auf der Welt gäbe – als Schuhsohlen! Sind die einzigen im Ort, die arbeiten!

VADINET. Der Kalender ist schwarz. Heut ist nicht Sonntag und nicht Feiertag.

JACQUES. Aber die Unruhe, Meister! Die Ungewißheit! Man hälts einfach nicht aus!

VADINET. Hält dich hier niemand mit Gewalt, Jacques. Wenn dich die Arbeit nicht freut, leg sie hin, laß sie stehn. Kriegst deinen Lohn und kannst gehn.

JACQUES. Na, na, na! Man wird doch noch etwas sagen dürfen! Der Meister glaubt eben nicht dran! Das ist es!

VADINET. Bin ein gläubiger Katholik, Jacques. Hab noch an keinem Sonntag die Messe versäumt ... Glaub auch an alle Wunder, die vollbracht wurden ...

JACQUES. Na – und warum denn dann gerade an dieses nicht, Meister?

VADINET. Weil keins geschehen ist, Narr. Alles Altweibergeschwätz.

JACQUES. Aber es war doch möglich, Meister, daß ein Wunder ...

VADINET. Plapperst Unsinn nach, Jacques. Ein Wunder ist nicht möglich. Ist es wieder möglich – dann ist es kein Wunder.

JACQUES. Ja, aber die anderen Wunder? Die waren doch auch alle einmal möglich? Und an die glaubt der Meister doch?

VADINET. Ich glaub, Jacques. Das heißt: ich weiß nicht sicher, ob es wahr ist; ich weiß aber auch nicht sicher, ob es nicht wahr ist ... Und weil nichts Gutes dabei herauskommt, wenn man drüber nachdenkt, und weil es richtig ist, zu glauben – na, so glaub ich. Verstanden?

JACQUES. Nein, Meister.

VADINET. Ein Wunder, du Dummkopf, muß so weit zurückliegen, daß man dran glauben kann. Denn ohne Glaubenkönnen gibts kein Glauben. Verstehst du das?

JACQUES. Nein, Meister.

VADINET. Ohne Wunder – keine Kirchen. Kirchen mußten sein – also mußten Wunder sein.

JACQUES. Deshalb sag ich ja, daß unser Wunder ...

VADINET. Halts Maul. Bin noch nicht zu Ende ... Ohne Vernunft – keine Werkstatt. Mit Vernunft – keine Wunder. Also darf es heute keine Wunder mehr geben. Hast du das verstanden, Dummkopf?

JACQUES. Kein Wort, Meister.

VADINET. Na, dann sei still und tu deine Arbeit ... *Pause.* Habs dir schon oft gesagt: sollst diese langen Nägel nicht mehr für die Absätze nehmen. Sind zu groß. Schlägst sie durch, merkst es nicht – und die Leute bringen die Schub zurück.

JACQUES. Na, dann feilen wir ihnen die Nägel eben ab.

VADINET. Gibt zerrissene Strümpfe, unzufriedene Gesichter und doppelte Arbeit. Wills nicht haben. Mach deine Sache gleich ordentlich.

Eine Weile wird schweigend gearbeitet. Ab und zu hebt Jacques den Kopf, horcht nach der Dorfstraße, auf der heute mehr Leben ist als sonst.

JEANNETTE *junges, hübsches Ding, kommt über die Straße, tritt ein. Die Schelle über der Tür macht dünn: »Kling«!* Tag, Meister Vadinet. *Mit Blick.* Tag, Herr ... Jacques!

BEIDE. Tag, Fräulein Jeannette.

JEANNETTE *steht nahe bei Jacques, packt ein Paar Männerschuhe aus. Jacques streichelt zärtlich ihre Wade, was Jeannette nicht übel aufzunehmen scheint.*

VADINET. Was fuhrt Sie zu uns, Fräulein Jeannette?

JEANNETTE. Der Vater schickt die guten Schuh!

VADINET. Die haben wir doch erst da gehabt?

JEANNETTE. Der Vater sagt, es sticht ihn was. In die Fersen sticht ihn was. Er zerreißt auch alle Socken ...

VADINET *wirft Jacques einen drohenden Blick zu, legt langsam seine Arbeit weg.* In die Fersen? So, in die Fersen ...

JACQUES *wortgewandt.* Das kommt daher, Fräulein Jeannette, daß der Vater kein Sohlengänger ist, sondern ein Absatzgänger. Und da preßt er eben mit seinen hundert Kilogramm Gewicht die Nägel aus den Absätzen ... So ist das, Fräulein Jeannette. Nicht mal feine Schuhe aus Paris, nicht mal – Lackschuhe mit Knöpfen könnten da helfen! Hab ich recht, Meister? *Vadinet wirft ihm einen furchtbaren Blick zu.* Der Vater soll sich eben einen andern Gang angewöhnen, Fräulein Jeannette!

JEANNETTE. Werds ihm sagen, Herr Jacques.

VADINET *nimmt die Schuhe, tritt mit ihnen ans Fenster.*

JACQUES *ist fetzt mit Jeannette ungestört; gedämpft.* Am besten so einen süßen, leichten, huschenden wie den Ihren, Fräulein Jeannette! Bei Ihnen könnte so etwas nie vorkommen!

JEANNETTE *ebenso.* Nein –?

JACQUES. Sie sollten überhaupt keine Schuhe tragen, Fräulein Jeannette. Mit bloßen Füßchen sollten Sie gehn – das stell ich mir entzückend vor!

JEANNETTE. Ach, Sie –! Bloßfüßig ... Wie sollt ich denn da durch die Pfützen?

JACQUES. Wenns arg wird, lassen Sie sich eben tragen.

JEANNETTE *kichernd.* Tragen? Wo nehm ich denn einen her, der mich trägt?

JACQUES. Wie wärs denn mit mir?

JEANNETTE. Sind Sie denn so stark, Herr Jacques? *Befühlt seine Arme.* Wie ... würden Sie mich denn tragen?

JACQUES *nimmt sie blitzschnell mit dem rechten Arm um die Hüften, mit dem linken hebt er sie in der Beuge der Knie hoch, drückt sie an sich und küßt sie. Flüsternd.* So ... So ... würd ich dich tragen!

JEANNETTE *hat die Arme um seinen Nacken geschlungen; flüsternd.* Und wohin ... wohin – würdest du mich denn tragen, Jacques?

JACQUES *flüsternd.* In den Wald, auf eine Wiese, wo es weich ist und wo wir allein sind ...

VADINET *dreht sich um. Die beiden gleiten ebenso rasch auseinander. Vadinet setzt sich, wirft Jacques, der sich auffällig unbefangen räuspert, die Schuhe zu.* Natürlich! Die Nägel viel zu lang! Abfeilen! Wollen Sie darauf warten, Fräulein Jeannette, oder kommen Sie später drum?

JACQUES *rasch.* Ich könnte sie ja auch abliefern. Wenn es Ihnen recht ist – abends, Fräulein Jeannette?

JEANNETTE *Blick.* Ja, mir wäre es recht. Auf abends also, Herr Jacques.

JACQUES. Auf abends, Fräulein Jeannette.

JEANNETTE. Guten Tag, Meister Vadinet.

VADINET. Guten Tag. Fräulein Jeannette. Und sagen Sie dem Vater, daß es bestimmt nie wieder vorkommen wird.

JEANNETTE. Oh, wenn er auf den Absätzen geht statt auf den Sohlen! *Ab.*

VADINET. Da hast dus. Keine Arbeit in Ordnung. Aber dafür den ganzen lieben langen Tag – dein ödes Geschwätz! Und dieses Umhertun mit dem Mädel, daß dus nur weißt, das duld ich auch nicht länger!

JACQUES *beleidigt.* Ich hab in der Stadt gearbeitet. Dort lernt man mehr, als Absätze annageln. Gut arbeiten kann bald einer. Da ist die Konkurrenz groß. Worauf es ankommt, ist: Kundenverkehr. Und auf den versteh ich mich.

VADINET. So. Und dieses Umhertun mit dem Mädel ...?

JACQUES. War Kundenverkehr, Meister. *Sie arbeiten eine Weile schweigend.*

FRAU VADINET *vierzig, hager, früh verblüht, bleich, mit starrem Blick, kommt über die Straße, ein Gebetbuch in der Hand. Sie tritt ein, schließt die Tür. Die Kräfte verlassen sie. Sie lehnt mit geschlossenen Augen am Türpfosten. Stille.*

VADINET *nach einer Weile, ohne aufzusehen.* Wo kommst her, Frau?

FRAU VADINET *tonlos.* Kirche.

VADINET. Kirche, Kirche, Kirche! Möcht wissen, was du um die Zeit in der Kirche zu suchen hast!

FRAU VADINET *ausbrechend.* Mann –!! *Stille.* Vielleicht den Frieden ... Vielleicht die Ruh ... Vielleicht Vergebung ... *Sie geht mit starrem Antlitz in die Küche, schließt hart die Tür hinter sich.*

VADINET *schlägt wuchtig mit dem Hammer auf.* Himmel und Hölle! Als ob man ein Verbrechen begangen hätte! Seid ja alle toll geworden! Was tot ist – ist tot. Und was begraben ist – begraben. Das rührt sich nicht und kommt nicht wieder!

JACQUES *gedämpft.* Der Meisterin ... gehts nah. *Pause.* Vielen gehts nah. Allen, die jemand draußen haben. Und am meisten denen, die den Mann draußen haben ... Kann nicht verstehn, warums der Meisterin so nahe geht?

VADINET *in schwerem Zorn.* Du! Dir sag ich das jetzt zum letzten Mal: tu deine Arbeit, halt das Maul und bekümmere dich nicht um Sachen, die dich einen Dreck angehn! Und wenn dir das nicht paßt, dann pack dich!

Lärm und Bewegung auf der Straße. Ein Gendarm, staubbedeckt, führt sein Motorrad über die Straße, stellt es bei den Stufen ab. Dorfbewohner, Erwachsene und Kinder, folgen ihm. Die Tür wird aufgestoßen, alles drängt herein.

GENDARM. Sind Sie *Liest ab.* Herr Paul Va-di-net, der Bürgermeister des Dorfes?

VADINET *erhebt sich.* Der bin ich.

GENDARM. Hab Sie schon auf dem Gemeindeamt gesucht.

VADINET. Amtsstunde ist mittags, wenn alle Zeit haben.

GENDARM *überreicht ihm einen großen Briefumschlag.* Da. Proklamation der Regierung. Ist sogleich an geeigneter Stelle anzuschlagen. Muß weiter. *Ab. Gleich darauf sieht man ihn sein Motorrad besteigen und davonfahren. Stille.*

FRAU VADINET *lehnt bleich in der Küchentür.* Jetzt ... Jetzt wirst dus endlich glauben, Vadinet!

VIELE. Mach es auf, Vadinet! Sieh doch nach, was es ist. Man will doch wissen, was es ist!

VADINET. Was wirds sein? Ein Erlaß des Präfekten, wie er alle Tage kommt.

EINER. Er hat aber doch gesagt: von der Regierung!

VIELE. Es kommt doch von der Regierung und nicht vom Präfekten! Sieh doch nach, Vadinet!

VADINET. Ist ein Amtsstück. Wird auf dem schwarzen Brett angeschlagen. Hier ist eine Schusterwerkstatt und kein Gemeindeamt! Hat hier einer ein Geschäft?

FRAU VADINET *lehnt bewegungslos in der Tür; gell.* Vadinet!! Lies!!

VADINET *nach einem Augenblick.* Hols der Teufel! Meinetwegen. Weil ihr keine Ruhe gebt! *Er hat den Umschlag geöffnet, das Blatt entfaltet – alles mit gemachter Gleichgültigkeit.* »Proklamation der Regierung! Mitbürger! Ein Vorfall, wie ihn die Geschichte nicht kennt ...« *Stockt.*

VIELE. Aha! Da ist es schon! Aha!

VADINET. »... hat sich ereignet.« *Für sich, leise.* Hat sich ereignet ...

EINIGE *entrüstet.* »Vorfall?« Wieso denn »Vorfall«? Das ist ein Wunder! Und kein »Vorfall«!

FRAU VADINET *mit geschlossenen Augen, wie vorhin.* Hat – sich – ereignet!

VADINET *rasch, in wachsender Bestürzung.* »Nach Berichten, an denen nicht mehr gezweifelt werden kann, haben sich in der vergangenen Nacht die Gräber der Heldenfriedhöfe – geöffnet ... *Stockt.* ... und die darin Bestatteten ... sind ... sind ... auferstanden ...« *Hält inne, wischt sich den Schweiß.*

VIELE. Also! Das ist doch ein Wunder! Ein Wunder ist das! Und kein »Vorfall«!

FRAU VADINET *wie vorhin.* Auf-er-stan-den!

VADINET. »Mitbürger! Die Französische Regierung begrüßt die Auferstandenen aller Staaten, besonders aber die Söhne des eigenen Landes!«

ALLE. Hoch! Hoch! Hoch! *Begeisterung.*

PFARRER *milder, weißhaariger Greis, ist über die Straße gekommen und eingetreten.* Gelobt sei Jesus Christus, meine Kinder!

ALLE. In Ewigkeit Amen, Herr Pfarrer. Hochwürden! Herr Pfarrer – es ist wahr! Sie sind auferstanden!

PFARRER. Unsere Gebete, meine Kinder ... Unsere inbrünstigen Gebete!

VADINET. »Die Regierung ist sich jedoch auch bewußt, daß durch diese Auferstehung eine Lage geschaffen ist, die ihresgleichen niemals hatte, und daß außerordentliche Verfügungen Platz greifen müssen. Denn wenn die Auferstehung der im Weltkrieg Gefallenen eine allgemeine ist, dann haben sich etwa – dreizehn Millionen Tote aus ihren Gräbern erhoben ...« *Stille.*

Auf der menschenleeren Dorf Straße kommt Morel. Er geht langsam, müde, mit gesenktem Kopf. Plötzlich bleibt er stehen, blickt um sich. Er nickt erkennend: es ist alles, wie er es in Erinnerung hatte. Nur der fremde Name auf dem Schild setzt ihn in Verwunderung. Er schüttelt staunend den Kopf. Dann geht er über die Straße, steigt die Stufen empor, nickt der Auslage zu und öffnet die Tür. Die Glocke macht dünn: »Kling!« Er horcht, er lächelt. Auch das stimmt.
Man hat sein Eintreten nicht bemerkt, denn alle geben auf Vadinet acht. Morel bleibt unbeachtet neben der Tür stehen.

EINER. Wahr ... wahr! Gestern waren die noch tot ...

ZWEITER. Und heute – leben die wieder ...

DRITTER. Kommen anders wieder, als sie fortgingen ...

VIERTER. So viel steht fest. *Unruhe.*

VADINET. »Und darum wird angeordnet: Erstens, zweitens, drittens, viertens, fünftens ... Der Ministerpräsident: Marcel Delcampe, m.p.« *Pause.*

EINER *bekreuzigt sich.* Dreizehn Millionen Tote! Gelobt und gepriesen! Dreizehn Millionen Tote!

ZWEITER. Der Herr hat ein Wunder getan – sicherlich, gelobt und gepriesen. *Pause.* Aber wozu ... wozu hat er sie denn auferstehn lassen, dreizehn Millionen Tote? Gelobt und gepriesen!

VIELE *plötzlich heftig.* Jawohl! Wozu? Dreizehn Millionen? Wozu denn? Wozu??

PFARRER *zürnend.* Das fragt ihr? Habt ihr nicht selbst drum gebetet, jeden Sonntag und jeden Feiertag, den der Herr euch gab? Habt ihr nicht erst gestern drum gefleht?!

EINIGE *senken die Köpfe.*

ANDERE *dumpf.* Ja. Jawohl. Haben gebetet. Haben immer gebetet, gelobt und gepriesen ... Aber nicht um ein Wunder, Herr Pfarrer! Nicht gleich um ein Wunder!!

EINER. Wenn die jetzt zurückkommen, die dreizehn Millionen ...

ZWEITER. Wird dann auch das Wunder kommen, daß der Weizen schneller wächst?

DRITTER. Daß die Felder doppelt soviel tragen?

VIERTER. Die Kühe viermal Milch geben im Tag?

ALLE. Kommen auch diese Wunder, Pfarrer??

PFARRER *stark.* Sie kommen, ihr Kleinmütigen! Ihr des Wunders Unwürdigen! Sie kommen! Erhalten nicht die Witwen und Waisen ihre Ernährer wieder?? *Die Bauern, die erwartungsvoll zugehört hatten, machen verächtliche Handbewegungen und kehren sich brummend ab.*

FRAU VADINET *starr, gehetzt.* Eine Frage, Hochwürden, eine Frage: wenn eine geschworen hat – nicht nur das eine Mal am Altar, sondern hundertmal am Tag und tausendmal in jeder Nacht – wenn eine geschworen hat, so geschworen hat ... und der Mann ist gefallen – und jetzt, jetzt kommt er wieder ... Wie ist das dann, Hochwürden? Wie ist das dann?

PFARRER. Da wird ihr gelohnt werden, Meisterin. Mit irdischem Lohn und mit himmlischem Lohn. Und nicht zuletzt ihretwegen hat der Herr sein Wunder getan ...

FRAU VADINET *gesteigert.* Herr Pfarrer – nein!! Denn wenn sie die Schwüre gebrochen hat? Den am Altar und alle die andern ... Die hunderte der Tage und die tausende der Nächte ... Gebrochen, gebrochen, alle gebrochen!!!

VADINET *schwer.* Wenn eine Witwe war, Pfarrer, und nicht Witwe blieb?

PFARRER *bedrückt.* Wenn einer den Bund vor dem Herrn geschlossen hat und lebt, dann hat er keine Witwe, Meister, sondern ein – Weib.

VADINET. Aber wenn ... Auch die andern haben ja am Altar des Herrn ...

PFARRER *leise.* Bigamie, Vadinet. Ungültig.

VADINET. Sind doch aber Kinder da, Pfarrer! Kinder!

PFARRER. Nicht aus der Ehe, Meister. Unehelich.

VADINET *stampft einen Stuhl zu Boden.* Verflucht! Das wird sich weisen!

PFARRER *wendet sich gebeugt zur Tür. Man gibt ihm Raum. Er prallt vor Morel zurück.* Was ... will der Mann?

MOREL *langsam, leise, fern.* Ist das die Werkstatt des Schusters ... Jean Jac-ques ... Mo-rel ...? *Er malt die Buchstaben in die Luft. Stille. Entsetzen faßt alle. Man weicht vor ihm zurück.*

VADINET *brüllend.* Das ist die Werkstatt des Schusters Paul Vadinet!

MOREL *lächelt gut.* Vadinet ... Paul Vadinet ...! Kannte einst einen Gesellen. Einen guten, braven Gesellen. Der hieß wie du ...

VADINET. Morel ist tot! Seit fast fünfundzwanzig Jahren tot!!

MOREL *wie vorhin.* Wer weiß? Vielleicht – lebt er wieder? Vielleicht – – kehrt er zurück?! *Pause.* Er hatte ein Weib. Weiß niemand, was aus seinem Weib geworden ist? *Bange Stille.*

PFARRER. Mein Sohn ... Weshalb ... Wozu willst du das wissen?

MOREL. Vielleicht – hab ich eine Botschaft an sein Weib ...?

VADINET. Wer bist du? Ich kenn dich nicht!!

MOREL. Vielleicht – ein Kamerad Morels? Ein guter alter Freund?

FRAU VADINET *reißt Papiere hervor. Hysterisch.* Da –! Da –! Da –! Der Totenschein! Der Brief der Kompagnie. Des Bataillons. Des Regiments. Gefallen! Gestorben!! Begraben!!! Auf allen Papieren – tot! Tot! Tot! Tot!! Tot!!! Jean Jacques Morel war tot. Jean Jacques Morel – – ist tot!!!

MOREL *starrt Frau Vadinet an.* Du hast ihn tief begraben, Frau. Sehr tief hast du ihn begraben ... Nicht einmal Gott könnt ihn aus dieser Tiefe holen ... *Stille. Dann langsam.* Wer bist du, Frau?

VADINET *reißt sie an sich; mächtig.* Mein Weib!! *Reißt einen Knaben und ein Mädchen an sich.* Und die da – meine Kinder!! Und hier – meine Werkstatt und mein Haus!! Das alles – – mein! Mein!! Alles, alles – mein!!! *Stille.*

MOREL *leise.* Das Häuschen ... weiß getüncht, wie dieses. Der Wetterhahn, die Tür. Das Fenster und die Schelle, *Öffnet sie, lauscht. Die Schelle macht »Kling!« Er nickt.* Die Werkstatt und die Küche. Die Lampe und der Herd. War alles so wie hier. *Pause.* Nur – sie ... Nur sie ... ist nicht mehr da. *Pause.* Scheinst recht zu haben, Bruder: Jean Jacques Morel ist hier kaum daheim.

VADINET. Nein!

MOREL. Du weißt das bestimmt, Bruder?

VADINET. Ja!

MOREL *leise.* Weißt du vielleicht auch, wo er daheim ist?

VADINET *in wildem Ausbruch.* In der Erde!! Auf dem Friedhof!! In seinem Grab!! Dort!!! *Zustimmendes Gemurmel.*

MOREL. Meint ihr das alle, Brüder?

VIELE *dumpf.* Ist so, seit die Welt besteht.

MOREL *leise.* Dann muß es wohl so sein. *Pause; er wendet sich zur Tür.* Da auch sein Weib gestorben ist ...! Denn lebte die – wäre sein Platz bei ihr ... *Langsam, mit gesenktem Haupte, ab. Stille.*

FRAU VADINET *reißt sich aus ihrer Erstarrung. Gellend.* Sie lebt! Sie lebt!! Sie lebt noch immer!!! *Schlägt sich wie rasend mit den Fäusten auf die Brust.* Da – –!! Da – –!! Da – –!! Da lebt sie noch immer!!! *Stürzt zur Tür.* Jean – –!!! Jean – –!!!

VADINET *wirft sich ihr entgegen, deckt die Tür mit dem Rücken.* Weib!! Wo willst – hin??

FRAU VADINET: Zu ihm U Zu ihm!! Morel!!! Morel!!! Er – er selbst ist es gewesen!!! *Sie rüttelt an der Tür.*

VADINET *schleudert sie zurück.* Mein Weib bist!! Bleibst!!!

PFARRER *fanatisch.* Be – ten!! Be – ten!! Ihr Männer! Ihr Frauen! Lasset uns beten!!

VADINET *wuchtig.* Nein, Pfarrer!! Nicht beten!! Ruft lieber alle Männer auf!! Ruft alle Männer zu den Waffen!! Geht, schreit durchs ganze Land: Ihr Lebenden!! Schützt euch und Eures vor den Toten!!!

Während viele, in die Knie gesunken, dem Pfarrer schreiend, ja brüllend, das »Vaterunser« nachbeten, schließt sich die Bühne.

Elftes Bild

Personen.

Köchler, Wirt

Frau Köchler, Wirtin

Mutter Weber

Witterschlick, Sparkassendirektor

Kropfgans, Kaufmann

Geishügel, Steuerbeamter

Girgenrath, Invalide

Weber

Ein badisches Städtchen nahe der französischen Grenze (Schöpfheim.)

*

Wirtshaus. – Das kleine Gastzimmer.
Mitte der Rückwand: Breite Tür in den Saal.
In der Ecke links: Großer runder Tisch – der Stammtisch der Kriegsteilnehmer.
An der Wand dahinter: Kriegsandenken. (Ein verbeulter Stahlhelm. Eine Vitrine mit Eisernen Kreuzen. Eine Karte. Gerahmte Photographien gefallener Kameraden, usw.
In der Ecke rechts: Gleichfalls runder Tisch.
Links vorne: Eingangstür.
Rechts vorne: Tür in das Schankzimmer und in die Küche.
Die Tür in den Saal ist weit geöffnet. Tanzmusik, Papierschlangen, wirbelnde Paare: es ist Ball.
Die Tür in das Schankzimmer und in die Küche ist angelehnt: Gläsergeklirr, Tellergeklapper. –

Um den Stammtisch sitzen die ehemaligen Kriegsteilnehmer, die sich hier einmal im Monat versammeln: Arrivierte Kleinbürger, behäbig gewordene Spießer. Darunter: Witterschlick, Kropfgans, Geishügel und Köchler, der Wirt.
Frau Köchler, eine stattliche Frau, und Mutter Weber, älter als sie Jahre zählt und sehr ärmlich gekleidet, kommen aus der Küche und tragen auf mächtigen Platten Speisen in den Saal.
Der Tisch rechts ist leer.
Die Stammtischbesucher spielen ihren Skat, plaudern und mischen in die Unterhaltung Skatausdrücke. Badener Dialekt.

GEISHÜGEL *spielt aus.* Sagt mal, Jungens: Was haltet ihr eigentlich von dem Gerücht?

KROPFGANS. Von welchem Gerücht?

WITTERSCHLICK. Hab von nichts gehört.

KÖCHLER. Ah, meinst das Zeug, das die Blechköppe drüber der Grenze aufgebracht haben! Auferstehung der Gefallenen, oder so. *Spielt.*

KROPFGANS. Quatsch mit Gemüse.

WITTERSCHLICK. Wenn die den Kohl, den sie seit dem Krieg alle paar Wochen anbauen, auch fressen könnten, wären die doppelt so groß und so stark, als sie sind! *Es wird still gespielt.*

KÖCHLER. Ach ja, der Krieg … Unser guter alter »C'est la guerre«-Krieg! War doch eigentlich eine verteufelt nette Sache!

GEISHÜGEL. Jawohl! Da können diese … diese Pazifisten oder wie sie heißen, die können da sagen, was sie wollen! *Spielt aus.*

KROPFGANS. Wenn man so zurückdenkt und sich erinnert …

KÖCHLER. Das Futter war ja nicht immer prima!

WITTERSCHLICK. Nee, kann man nicht behaupten. Das Fleisch, das war gegen Schluß meist auf Urlaub! *Gelächter.*

KROPFGANS. Und was sie einem zu trinken gaben –

GEISHÜGEL *tut einen tiefen Zug.* Lieber nicht drüber reden!

KÖCHLER. He, so'n Tropfen wie bei mir, den habt ihr dort nicht bekommen, was?

WITTERSCHLICK. Nee, den gabs nicht.

KROPFGANS. Aber schließlich, Jungens, man tats ja nicht fürs Fressen und Saufen. Hab ich recht?

MEHRERE *bestätigen.* Recht hast du. Hast recht.

GEISHÜGEL. Ach ja. Das war damals noch eine schöne Zeit Jung war man noch, und man mußte sich nicht schinden und plagen wie heute. Man hatte sein gutes Auslangen und … und ….

WITTERSCHLICK. Und keine Sorgen.

MEHRERE. Nee, die hatte man nicht.

KÖCHLER. Und was haben sie denn schon Großes von einem verlangt, dafür, daß sie einen durchfütterten? Morgens und abends 'n bißchen 'rumfunken, 'n bißchen Kattun abkriegen und dazwischen 'n bißchen laufen. Mal nach vorn, mal nach hinten ....

WITTERSCHLICK. Fürs Laufen nach hinten warst du wohl Spezialist? *Lachen.*

GEISHÜGEL. Jawohl. Es war eine große Zeit, unsere Eiserne Zeit. Man hatte damals Seine großen Ziele hatte man noch, und man vollbrachte was! Das war anders als heute! Und die ganze Welt konnts jedem am Kragen ansehen ... Auf den ersten Blick könnt mans jedem am Knopfloch ansehn, was er für ein Kerl war!

KROPFGANS. Mensch, halt doch schon die Luft an!

WITTERSCHLICK *setzt sich breit zurück.* Also, das möcht ich jetzt mal ganz ausführlich hören! Was hattest du für große Ziele, und was für Heldentaten hast du vollbracht?

KOCHLER. Kinder, Kinder! Was der Geishügel für große Bogen spuckt! Der hat ja ganz vergessen, daß er 'n Krieg als Etappenbaron verschlafen hat!

KROPFGANS. Und was konnte man deinem Knopfloch ansehn?

WITTERSCHLICK. Daß 'n Knopf gerissen ist!

KÖCHLER. Aus Schrecken über den Lärm, den wir vom machten, wenn wir die drüben befunkten!

GEISHÜGEL *wütend.* Hört mich mal an! Hört mich mal gut an! Ich will euch nur so viel sagen: In der Etappe wars oft viel gefährlicher ... Viel gefährlicher wars oft dort als bei euch in der »Heldenzone«! Das werden euch alle bestätigen, die ...

WITTERSCHLICK. ... hinten waren. *Gelächter.*

KROPFGANS. Lacht nicht so blöd! Es war wirklich sehr gefährlich dort rückwärts: mal gingen ihnen die Ochsen durch, mal schlugen die Pferde aus!

KÖCHLER. Und die vielen Hunde, die dort ohne Maulkorb 'rumliefen? Und kein Schutzmann zu sehen weit und breit! *Lachen.*

WITTERSCHLICK. Und wenn so'n armer geplagter Kerl sich mal verlief ... in'n Proviantmagazin etwa ... *Lachen.* Und gab nicht gut acht, und sie schlössen ihn abends ein ... Der konnte sich bis zum Morgen ... Also, die schwerste Magenverstimmung konnte sich der bis zum Morgen angefressen haben .... *Gelächter.*

KÖCHLER. Gar nicht zu reden von den niedlichen kleinen Puppen, die sich dort 'rumtrieben. *Gelächter.*

KROPFGANS. Und jetzt frag ich euch: gabs in der Linie vorn auch nur eine von diesen Gefahren? *Gelächter.*

GEISHÜGEL *wütend.* Und ich frage euch: wird jetzt endlich weiter Skat gespielt, oder wollt ihr mir noch länger euren verdammten Blödsinn in die Flanke quatschen? *Man beginnt, noch immer lachend, wieder zu spielen.*

WITTERSCHLICK. Jawohl, der Skat! Wenn der nicht gewesen war! Krieg ohne Skat – nicht auszudenken!

KROPFGANS. Wundere mich ohnedies jedesmal, daß sie uns den beim Friedensschluß gelassen haben!

KÖCHLER. Ich sag euch: der Poincaré, der Clemenceau, und wie die Kerle alle hießen, die müssen 'n Gläschen zuviel getrunken haben, ehe die den Friedensvertrag unterschrieben. Sonst wäre denen nicht entgangen, daß sie dem deutschen Volk den Skat gelassen haben!

KROPFGANS. Hätten ihn untersagt – unter Androhung von Sanktionen, versteht sich! *Lachen.*

GEISHÜGEL *schreiend.* Also wollt ihr nun endlich spielen oder nicht? Da konnte man ja im Feld ruhiger seinen Skat machen als hier!

WITTERSCHLICK. Im Feld nicht, Geishügel. Aber – in der Etappe. *Lachen. Sie spielen wieder.*

Aus dem Schankzimmer kommt der Invalide.

GIRGENRATH *Sein Aussehen ist schlecht, seine Kleidung zerlumpt. Er macht einen verwahrlosten Eindruck.*

> *Auf seinen Stock gestützt, nähert er sich dem Stammtisch seiner ehemaligen Kameraden. Diese haben flüchtig aufgesehen und sich durch einen Blick verständigt.*

> *Sie nehmen von Girgenrath nicht Notiz, spielen schweigend, anscheinend sehr vertieft.*

GIRGENRATH *am Stammtisch, Hand an der Mütze, salutierend.* Allseits einen guten Abend! *Stille, man antwortet nicht.* Heil und Sieg – allseits! *Stille.* Allseits: Gott strafe England! *Stille.* Allseits: Er strafe es! *Stille. Er erhält keine Antwort. Er wartet noch eine Weile auf ein Wort, auf irgendein Zeichen der Beachtung. Es kommt keines. Es ist, als wäre er für die ehemaligen Kameraden nicht da, als hätte er nicht gesprochen.*
Er kehrt sich ab und steht noch einen Augen blick stumm. Dann verzerrt sich sein Antlitz, er reckt die Arme zum Himmel und brüllt wie in Todesangst, warnend, alarmierend. Gas – – –!!! Gas – – –!!! Gas – – –!!!

DIE SKATSPIELER *taumeln entsetzt hoch. Instinktiv und hilflos suchen sie an sich nach der Maske, pressen, was ihnen in die Hand fällt – Tücher, Servietten, die Spielkarten – oder auch nur die Hände vors Gesicht. Lange Stille.*

GIRGENRATH *läßt die Arme sinken, kehrt sich den Skatspielern zu, die langsam zu sich kommen und die Hände herabgleiten lassen.*

KÖCHLER *faßt sich als Erster, geht drohend auf Girgenrath zu.* Girgenrath, was soll das heißen?

WITTERSCHLICK *höchst aufgebracht.* Das war grober Unfug! Grober Unfug war das!

GEISHÜGEL *kreischt.* Das fällt unter die Vergehen gegen die öffentliche Sicherheit und Ordnung!

KROPFGANS *drohend.* Wahrscheinlich sind Sie schon zu lange nicht gesessen!

KÖCHLER. Sehnen sich wieder nach dem Haus mit den dicken Mauern und den vergitterten Fenstern!

GIRGENRATH. Ihr –! *Pause.* Wie oft hat euch nachts, wenn ihr schnarchtet und ich auf Gaswache war, diese Stimme geweckt? *Stille.* Wie oft hat sie euch das Leben gerettet, ihr verdammten Schufte?! Und jetzt tut ihr, als ob ihr sie nicht mehr kennt? Als ob ihr sie nicht einmal hört? *Stille.*

WITTERSCHLICK. Girgenrath! Nehmen Sie sich in acht! Ich warne Sie! Innerhalb weniger Minuten haben Sie drei Delikte begangen!

KROPFGANS *heftig.* Vergehen gegen die öffentliche Sicherheit und Ordnung ....

KÖCHLER. Verbreitung beunruhigender Gerüchte ....

WITTERSCHLICK. Und Beleidigung.

GEISHÜGEL. Amtsehrenbeleidigung!

GIRGENRATH. Köchler, ich frage dich: was ist das für ein Tisch, um den ihr sitzt?

KÖCHLER. Stammtisch. Weißt es doch!

GIRGENRATH. Was für ein Stammtisch, Köchler? *Schreiend.* Was das für ein Stammtisch ist, will ich wissen!

KÖCHLER. Mensch, frag doch nicht, was du ohnedies so gut weißt wie ich! Stammtisch der Kriegsteilnehmer!

GIRGENRATH. Stammtisch der Kriegsteilnehmer, ja, jawohl. Witterschlick, Kropfgans, Geishügel! War ich draußen, oder hab ich mir das und das und das *Zeigt auf seine Gebrechen.* da hinten wo geholt? Was–?! *Stille. Er brüllt.* Antwort will ich haben! Antwort!!

WITTERSCHLICK. Natürlich waren Sie draußen. Wer streitet denn das ab?

GIRGENRATH. Köchler! War ich ein guter Kamerad? Hab ich dich auf den Rücken genommen, in der dicksten Luft auf den Verbandplatz getragen – drei Kilometer weit – und dabei selbst was abbekommen? Ja oder nein?!

KÖCHLER *widerwillig.* Ja. Jawohl.

GIRGENRATH. War ich länger draußen als ihr alle zusammen? Ja oder nein? Haben sie mich kaputt geschossen und euch nicht, weil ihr rechtzeitig ins Hinterland abgehauen seid? Ja oder nein? Hab ichs Eiserne Erster? Hats einer von euch? Dreck! Wo also ist mein Platz an diesem Tisch der Kriegsteilnehmer?? Witterschlick – wo? Kropfgans –

wo? Geishügel – wo? Köchler – wo? Wo?? Wo?? Wo?? *Er stampft jedesmal einen Stuhl zu Boden.*

FRAU KÖCHLER *gefolgt von Mutter Weber, tritt ein und zieht die Türe hinter sich zu.* Allmächtiger Gott! Was gibt es denn? Was ist das für ein Lärm?! *Gewahrt Girgenrath. Stemmt die Fäuste in die Hüften.* Ah, Herr Girgenrath! Wieder einmal Herr Girgenrath!! *Streng zu Mutter Weber.* Mutter Weber, wie oft hab ich geschafft, daß ich den Tagdieb hier nicht duld?!

MUTTER WEBER *demütig, stammelnd.* Er war der Freund ... der einzige Freund war er ...

KÖCHLER. Ihres Sohnes Kilian. Das wissen wir. Aber der Kilian ist seit zwanzig Jahren vermißt!

MUTTER WEBER. Er war mit ihm im Feld ...

FRAU KÖCHLER: Das waren die Herren vom Stammtisch alle!

MUTTER WEBER. In der gleichen Kompagnie war er mit ihm ... Im selben Zug ... Sie lagen einer neben dem anderen ... Da – der Kilian, da – der Girgenrath.

WITTERSCHLICK *zuckt die Achseln.* Sie müssen endlich einmal damit fertigwerden, gute Frau!

KROPFGANS. Sie müssen endlich sich daran gewöhnen, Mutter Weber: der Krieg ist aus! Seit zwanzig Jahren ist er aus!

MUTTER WEBER *blickt auf; leise.* Aus –? Der Krieg –? *Pause.* Der Kilian ist noch nicht zurückgekommen ... Ist für mich nicht aus, der Krieg. Komm, Girgenrath! *Sie wendet sich zu ihm, umfaßt ihn mütterlich und ist im Begriff, ihn in die Küche zu führen.*

KÖCHLER *deutet sich hinter ihrem Rücken an die Stirn, die Stammtischbesucher kichern.*

WEBER *kommt durch die Eingangstür links. Stille.*

FRAU KÖCHLER *sieht ihn zuerst, stößt einen leisen Schrei aus.*

ALLE *wenden sich ihm zu. Pause.*

WEBER *hat von einem zum andern gesehen, endlich seine Mutter erblickt.* Abend, Mutter. Da wär ich also wieder. *Tiefes Schweigen.*

MUTTER WEBER *hat sich von Girgenrath frei gemacht. Zwei Schritte gegen ihren Sohn. Sie hat den Kopf langsam erhoben, die Faust hält sie vor den Mund gepreßt – wie um einen Aufschrei zu ersticken. Mit allen Sinnen frißt sie sich in die Erscheinung des Sohnes. Lange Stille.* Kilian –!!! *Sie unterdrückt ihren Aufschrei sogleich und setzt ruhig fort.* Ja, da wärst du wieder. *Pause.* Hat lang gedauert, daß du kamst.

WEBER. Es ging nicht früher, Mutter.

MUTTER WEBER. Freilich, freilich ging es nicht. Sonst wärst du ja gekommen.

WEBER. Ja, Mutter. *Stille.*

Nun haben sich auch die anderen gefaßt.

76

WITTERSCHLICK. Weber –! Na, das ist mir eine Überraschung!

KÖCHLER. Weber! Der vermißte Weber!

KROPFGANS. Der totgeglaubte Weber! – lebt!

FRAU KÖCHLER: Lebt also doch noch!

GEISHÜGEL. In die Zeitung muß das! Das muß augenblicklich in die Zeitung!

WITTERSCHLICK. Mit einer Photographie! Jawohl!

KROPFGANS. So was kommt doch immer wieder vor! Immer wieder kommt so was vor!

KÖCHLER. In Sibirien gibts, hab ich mir sagen lassen, in Sibirien gibts noch viele Tausend von den Unsern!

GEISHÜGEL. Die wissen gar nicht, daß der Krieg zu Ende ist!

KROPFGANS. Die warten auf den Frieden! *Heiterkeit.*

WITTERSCHLICK. Und trösten sich derweil mit den Sibirierinnen! *Gelächter.*

GEISHÜGEL *kräht.* Na, das versteht sich doch von selbst!

GIRGENRATH *flüsternd.* Du –?? Du –?? Wirklich und wahrhaftig – du?? Aber du warst doch ...?

KROPFGANS *derb.* Hallo! Der Skat ist heute aus!

WITTERSCHLICK. Jawohl! Den nächsten spielt bereits der Weber mit!

GEISHÜGEL. Einer mehr zum Skat – hurra!

KÖCHLER. Der soll einmal erzählen! Erzählen soll der jetzt!

ALLE. Erzählen! Jawohl! Erzählen!

WITTERSCHLICK. Wo kommst du her?

KROPFGANS. Wo warst du zwanzig Jahre lang?

WEBER *langsam.* Dort, wo ihr mich hingeschickt habt.

ALLE. Wir –? Wohin hätten denn wir dich geschickt?

WITTERSCHLICK. Er meint doch: gegen die Parlewuhs!

GEISHÜGEL. Ah, die Ohlalas!

KÖCHLER. Die hatten dich wohl in ihre Kolonien verschleppt, die verfluchten Franzmänner?

KÖCHLER. Erzähl doch schon! Erzähl! Warst du in Afrika oder in Asien?

WEBER *langsam.* Weiter, viel weiter war ich, Kameraden. *Pause.* Viel, viel weiter ... *Er blickt über sie hinweg.*

WITTERSCHLICK. Na, wo immer du warst – die Heimkehr muß jedenfalls begossen werden!

KÖCHLER. Das muß sie! Das muß sie!

GEISHÜGEL. Begießen wir! Begießenwir! *Klatscht in die Hände.*

WITTERSCHLICK. Ich zahl die ganze Runde! Köchler! Die ganze Runde schreibst mir auf! *Beifall.*

KROPFGANS. Weber – hierher! *Er rückt ihm einen Stuhl zurecht.*

GEISHÜGEL. Setz dich und trink! Das Portmonnäh des Witterschlick hälts aus!

GIRGENRATH *am leeren Tisch, heftig.* Bruder! Zu denen nicht! Dein Platz ist hie?! Bei deiner Mutter und bei mir!

WITTERSCHLICK. Was will denn der schon wieder?

KROPFGANS. Unfrieden stiften! Was denn sonst?

GEISHÜGEL. Hör nicht auf den und setz dich her!

KÖCHLER. Setz dich, Weber, setz dich! Auch Hunger hat er mitgebracht, Mutter, und der Durst, der ist verheiratet! *Lachen.*

Frau Köchler mit Mutter Weber in die Küche ab.

GIRGENRATH *heftig.* Bruder! Setz du dich nicht zu denen! Die haben dich verraten und verkauft! Sind keine Kameraden mehr für dich und mich!

WITTERSCHLICK *erhebt sich drohend.* Verflucht! Du, nimm dich jetzt in acht!

KROPFGANS *wild.* Der Spaß hat jetzt ein End!

KÖCHLER. Er stößt schon wieder zu –

GEISHÜGEL. Von hinten!!

WEBER *groß.* Ihr Brüder! Warum sitzt ihr nicht beisamm' an einem Tisch?? Habt ihn doch draußen durch vier Jahre lang bereitet und gedeckt?!

GEISHÜGEL *kreischend.* Mit dem dort – nie!!

KÖCHLER. Du warst nicht da! Du hast den Dolchstoß nicht erlebt, wie wir!

WITTERSCHLICK. Der ist ja K.P.D.!

KROPFGANS. Zweimal gesessen ist der schon! Eigentumsdelikt!

GIRGENRATH. War ohne Arbeit und Verdienst! Die Rente reicht nicht! Hab bloß getan, was wir dort draußen täglich taten! Wofür man uns belobte, Orden nachschmiß – täglich kistenweise!!

WITTERSCHLICK. Das war im Krieg!

KROPFGANS. Und wir sind jetzt im Frieden!

GEISHÜGEL. Gott sei Dank!

GIRGENRATH. Jawohl! Und im Frieden, da darf mans nicht so einfach machen wie im Krieg! Der Krieg, der ist die Vorschul für das. *Geste des Stehlens.* Der Frieden ist die Universität dafür! Das will gelernt sein, wie man es im Frieden zu was bringt! Gelernt, studiert – so wie von euch – Doktoren dieser Universität!!

KROPFGANS *Wutschrei.* Was willst du damit sagen, Schuft?

KÖCHLER *nähert sich ihm, packt ihn an der Brust, schüttelt ihn heftig.* Nimm das zurück! Zurück! Das nimmst du augenblicklich zurück!

Die Frauen kommen wieder.

GIRGENRATH *stößt ihn zurück.* Weber!! Kamerad im Krieg!! Das Wirtshaus da – war das nicht ehedem euer?? War nicht, als du hinausgingst, deine Mutter hier die Frau –?? Und jetzt! Was ist die jetzt in diesem Haus? Hast du sie schon gefragt? Hier steht sie, hol es nach! Aus Gnade und Barmherzigkeit – das Küchenweib bei dem, der einmal hier der Schankbursch war!

KÖCHLER *heftig.* Gekauft! Gekauft! Rechtmäßig, mit Vertrag vor dem Gericht, hab ichs gekauft!!

GIRGENRATH. Und wann bezahlt –?!

KÖCHLER. Wies im Vertrag gestanden ist!

GIRGENRATH. In der Inflation! Es langte nicht für einen Kranz aufs Grab!

KÖCHLER. Hab ich die Inflation gemacht –?

GEISHÜGEL. Der eine geht hinunter, der andere kommt hinauf!

KROPFGANS. So ist der Lauf der Welt!

KÖCHLER. Wozu hat sie denn verkauft, die Alte?

WITTERSCHLICK. Wer hats ihr denn geschafft?

GIRGENRATH. Auch keiner ihr – geraten, Witterschlick?? Auch keiner zugeredet, Kropfgans??

WITTERSCHLICK. Wer konnte damals ahnen –!

KROPFGANS. Niemand!

GIRGENRATH. Auch noch nicht wissen –?! Und das Geld! Köchler, lag das zum Kauf bereit auf deinem Tisch?

KÖCHLER. Was gehts dich an? Von dir hab ich es nicht entliehen!

GIRGENRATH. Nein, von mir nicht. Denn zum Verleihen gibts, hab ich mir sagen lassen, Sparkassen! Und zum ... Raten – gute Freunde! Und zum ... Bestehlen – Witwen, Kriegermütter, die von Geschäften nichts verstehen ... *Wutschreie. Tumult. Sie dringen auf ihn ein.*

KÖCHLER *in Ekstase.* Gott ist mein Zeuge!! Mein Zeuge ist Gott!! Wie eine eigene Mutter hab ich dieses alte Weib gehalten! Keine Arbeit tut sie recht! Alt ist sie und vergeßlich und verdreht! Das Essen bring ich nicht an ihr herein! Aus Pietat ...!! Aus purer Pietät ...!! Aber nun, aber jetzt, wenn der Wind daher weht, kann sie sich packen!! Kann sie sich packen!! Augenblicklich packen kann sie sich!!!

FRAU KÖCHLER: Raus!! Raus!! Die Alte, der Sohn, der Freund!! Alle drei raus!!!

GIRGENRATH *brüllt auf; in äußerster Steigerung, mit größtem Ausdruck.* Bruder – – –!!! Bruder – – –!!! Wofür hast du und ich gekämpft??? Wofür hast du und ich gelitten??? Wofür gefroren, Bruder, und gedürstet und gehungert??? Wofür haben wir uns von Kugeln zerschlagen, von Bajonetten durchbohren, von Granaten zerreißen, von Flammenwerfern verbrennen, von Gas vergiften lassen??? Wofür??? Wofür??? Wofür??? Zeig mir das Vaterland, Bruder, für das das alles geschah!!! Zeig es mir, Bruder, zeig es mir – – –!!! Denn ich – – – bin blind geworden, Bruder, in der Dunkelheit der zwanzig finstren Jahre ... Blind bin ich, blind, blind, blind, blind, blind –!!! Wohin ich mich auch wende, wo ich es such – ich spür den Fußtritt, den es für mich hatte, und ich finde – – – die!!! *Zeigt auf die Stammtischrunde. Stille.*

WEBER *mit Ausbruch.* Ihr Brüder –!!! Glaubt mir doch: das alles, dem ihr nachstrebt, das ihr jagt, um das ihr hadert, ringt und kämpft – – – das alles gibt es nicht!!! Ein jeder, der von dort zurückkehrt, wo ich war, der weiß: es gibt allein, was über der Erde ist und was in ihr vergeht ... *Stille.*

ALLE *weichen, von Ahnung ergriffen, vor ihm an die Tür zurück.*

GEISHÜGEL *kreischt, von Entsetzen erfaßt, hysterisch auf.* Kameraden –!! Das – – Gerücht in der Stadt ...!! Das Gerücht –!! Das Gerücht!!!

ALLE. Was für ein Gerücht?? Welches Gerücht??

GEISHÜGEL. Die – – Auferstehung der Gefallenen!!

ALLE *in einem großen Aufschrei des Entsetzens.* Der tote Weber – – –!!!

WEBER *nach einer langen Stille, langsam.* Ich – bin – jetzt – wieder – bei – euch ...

ALLE *erstarrt, weichen langsam, Front zu ihm, aus dem Zimmer. Auch Girgenrath ist unter ihnen. Im Zimmer bleiben nur: Mutter Weber und ihr Sohn. Lange Stille.*

MUTTER WEBER *hat sich ihm genähert, während die anderen zurückweichen. Nun umfängt sie ihn, hält ihn umklammert. Leise, stark.* Mein Kind! Mein Sohn! Diesmal laß ich dich nicht! Diesmal halt ich dich fest! Diesmal – geh ich mit dir ...

WEBER *steht aufrecht, starrt ins Weite. Langsam.* In sich zerfallen und zerrissen wie nur je ... Der Haß so groß und stark wie ehedem ... Die Güte ferner, als sie jemals nahe war ... *Mit Ausbruch.* Mutter! Die Welt ist, wie sie war ... *Stille, leise.* Sind wir umsonst gefallen, Mutter? Umsonst –? Umsonst – –??

Vorhang.

Zwölftes Bild

Personen.

Lord Grathford, englischer Ministerpräsident

Marcel Delcampe, französischer Ministerpräsident

Dr. Overtüsch, deutscher Reichskanzler

Lamparenne, belgischer Ministerpräsident

General Lamarque, französischer Kriegsminister

General von Gadenau, deutscher Kriegsminister

Clarkson, amerikanischer Botschafter

Bertolotti, italienischer Botschafter

Yoshitomo, japanischer Botschafter

Kardinal Dupin, Erzbischof von Paris

Generalsuperintendent Palm

Oberrabbiner Dr. Forbach

Professor Dr. Steppach, wissenschaftlicher Sachverständiger

Der Schriftführer

Ein junger Prälat

Tsatanaku, ein Japaner

Vertreter verschiedener Staaten

Trolliet
Charrier, aus der Gruppe Lamparennes

Stimmen der Straße

Beamte und Lakaien

Ein Trupp Auferstandener, darunter:

Wittekind

Hessel

Weber

Schmidt

Sonneborn

Schröder

Lehmann

Vaudemont

André Verron

Morel

Dubois

Roubeau

Baillard

Paris. Quai d'Orsay

*

Prunkvoller Saal. Konferenztisch mit scharlachroter Decke. Weite, hochlehnige Fauteuils.
Rechts und links im Hintergrund: hohe zweiflügelige Türen.
Rechts und links im Vordergrund: unauffällige Tapetentüren.
Eine Konferenz der Mächte. Lord Grathford präsidiert.
Rechts von ihm: Kardinal Dupin, der Erzbischof von Paris. Dann der Reichskanzler Dr.
Overtüsch, der amerikanische Botschafter Clarkson, der deutsche Kriegsminister General
von Gadenau, der wissenschaftliche Sachverständige Professor Dr. Steppach und der
belgische Ministerpräsident Lamparenne.
Links von ihm: Generalsuperintendent Palm. Dann
der französische Ministerpräsident Delcampe, der französische Kriegsminister General
Lamarque, der italienische Botschafter Bertolotti, der japanische Botschafter Yoshitomo
und in einigem Abstand der Oberrabbiner Dr. Forbach. –
Delcampe gegenüber, mit dem Rücken zum Publikum, der Schriftführer. Hinter den
Delegierten: die Vertreter anderer Staaten und das Hilfspersonal der Konferenzteilnehmer.
–
Bei Aufgang des Vorhanges Lärm. Man klopft mit den Fäusten und mit Aktenmappen
auf den Tisch und sucht einander zu überschreien.
Lord Grathford schwingt unerschütterlich eine kleine silberne Glocke.

LAMPARENNE *mit zerrauftem Haar, hochrot im Gesicht, schreiend.* Schluß! Schluß! Schluß! Sie können hier nicht weiter verhandeln!

GRUPPE *junger Leute hinter Lamparenne.* Schluß! Schluß! Schluß!

CLARKSON. Gehn Sie zum Teufel, Mann!

LAMPARENNE. Dieser Versammlung fehlt die Vertretungsbefugnis! Diese Versammlung hat keine Beschlußkraft!

CHARRIER. Haben Sie doch den Mut, Ihre Versammlung als das zu bezeichnen, was sie in Wirklichkeit ist!

TROLLIET. Eine internationale Börsenkonferenz!

LAMPARENNE *deutet auf die Generäle und Bischöfe.* Unter polizeilichem und geistlichem Schutz – wie gewöhnlich!! *Tumult.*

OVERTÜSCH. Unerhört! Unerhört! Unerhört!

BERTOLOTTI. Lord Grathford! Delcampe! Sie werden doch noch die Delegierten der europäischen Mächte vor den Sendungen Moskaus schützen können!

CLARKSON. Jawohl – Moskau! Moskau!

LAMARQUE. Der Rubel rollt! Der Rubel rollt!

GADENAU. Wieviel bekommt ihr für den Sprengungsversuch? *Tumult.*

LAMPARENNE. Ich sehe Diplomaten an diesem Tisch. Die Vertreter des Kapitals. Geistliche. Generäle ... Wo aber sind die Vertreter des arbeitenden Volkes von Europa? Wo sind die Arbeiterführer??!

GRUPPE *um Lamparenne.* Wo??? Wo??? Wo???

CLARKSON. Verdammt will ich sein, Mann, wenn die hier was zu suchen haben!

LAMPARENNE. Nicht zugezogen! Und warum nicht? Weil sich die kapitalistische Welt zu einem neuen Komplott gegen die arbeitende Menschheit zusammengefunden hat! *Hohngelächter.*

GADENAU. Sie leiden ja an Verfolgungswahn, Herr!

LAMPARENNE. Aber wir werden das nicht dulden! Wir werden diese verlogene Konferenz in die Luft sprengen – und wenn das ganze heutige Europa zugleich mit ihr in die Luft fliegt!!

GRUPPE *hinter Lamparenne rast Beifall.*

VIELE. Bolschewist!!

LAMARQUE. Was suchen Sie denn hier?

GADENAU. Gehn Sie doch nach Rußland!

CLARKSON. Jawohl! Dorthin gehören Sie! Dort ist Ihr Platz! *Tumult.*

GRATHFORD *lächelnd zu den Bischöfen.* Wie gefällt den Eminenzen das Fortissimo im europäischen Konzert? Das spielt uns so bald kein Orchester nach.

DELCAMPE *begütigend.* Lamparenne! Hier gibt es doch nur die Vertreter der Mächte und die Sachverständigen!

CLARKSON *erbost.* Und auch Sie, Mann, sind nicht als verdammter Arbeiterführer hier, sondern einzig und allein als belgischer Premier!

LAMPARENNE. Ich bin Ministerpräsident, weil ich Arbeiterführer bin!

GADENAU. Das sind jüdische Spitzfindigkeiten! Damit dringen Sie hier nicht durch! *Beifall.*

LAMPARENNE. Ich stelle den Antrag, die Konferenz unverzüglich zu vertagen!

ALLE. Was –??

DELCAMPE. Sind Sie verrückt geworden, Lamparenne? Wozu?

LAMPARENNE. Zwecks Zuziehung der Vertreter der Internationale!

ALLE *Wutschrei.* Nein!!!

CLARKSON. Ihr verdammter Antrag ist einstimmig abgelehnt!

LAMPARENNE. Dann erkläre ich, daß ich diese verkappte Verschwörung des Kapitals gegen die Blutopfer des Krieges zum Zeichen des Protestes und der Kampfansage verlassen werde ...!

GRUPPE *hinter Lamparenne rast Beifall.*

CLARKSON. Ja, verlassen Sie uns, Mann, und gehn Sie endlich zum Teufel!

GADENAU. Heil! Heil! Heil!

GRATHFORD *schwingt unentwegt die Glocke.*

LAMPARENNE. ... und daß uns Ihre lächerlichen Ausnahmebestimmungen weder von Streiks noch von Demonstrationen zurückhalten werden ...

TROLLIET. ... und auch nicht von einer neuen, gründlicheren und endgültigen – Revolution!!

CHARRIER *und die Gruppe hinter Lamparenne tost Beifall.* Revolution!! Revolution!! *Tumult.*

OVERTÜSCH. Müssen wir uns das bieten lassen?!

LAMARQUE. Da habt ihrs! Da habt ihrs!

GADENAU. Die Linke plant einen neuen Dolchstoß in den Rücken!!

LAMARQUE. Wozu gibts denn ein Standrecht? Wozu ist denn überall das Standrecht verhängt??!

VIELE *brüllend.* Ja! Das Standrecht! Das Standrecht! Das Standrecht gegen Lamparenne!!

Tumult. Lamparenne schickt sich an, den Saal zu verlassen. Seine Gruppe umringt ihn, schützt ihn vor den auf ihn Eindringenden und bahnt ihm einen Weg. Grathford und Delcampe haben sich erhoben, sprechen begütigend auf ihn ein. Lamparenne und die Seinen kehren auf ihre Plätze zurück.

GRATHFORD *gelingt es endlich, sich Gehör zu verschaffen.* Das Wort hat der Herr französische Ministerpräsident Delcampe!

DELCAMPE *erhebt sich.* Meine Herren Delegierten! Die Erschütterung der Völker, der Aufschrei Europas hat Sie an diesen Tisch gebracht. Und nun, da Sie endlich beisammen sind, um eine Lage zu beraten, wie sie die Weltgeschichte nicht verzeichnet, vergeuden Sie die kostbarste Zeit in abseitigen Auseinandersetzungen! Meine Herren Delegierten! Ungeheuerliches, Unvorstellbares hat sich begeben. Aber nicht minder Ungeheuerliches begibt sich! Hören Sie nach der Straße! *Auf einen Wink öffnet ein Lakai ein Fenster. Von der Straße dringt wüstes Toben.*

EINE STIMME *von der Straße.* Nieder mit den Auferstandenen!

VIELE STIMMEN. Nieder! Hoch! Nieder!

EINE GELLENDE STIMME. Den Toten – der Himmel! Den Lebenden – – die Erde!

VIELE *wiederholen brüllend.* Den Toten – der Himmel! Den Lebenden – die Erde!!!

Toben. – Auf einen Wink Delcampes schließt der Lakai das Fenster. Stille.

DELCAMPE. Die Reaktion der Lebenden hält der Aktion der Toten das Gleichgewicht! Blicken Sie in Ihre Depeschen, meine Herren! Es sind die letzten, die Sie erreichten! Denn Telegraph, Telephon und alle Betriebe stehn ja still!

OVERTÜSCH *hebt Depeschenstöße hoch.* Die mächtigsten Großbanken haben die Zahlungen eingestellt.

CLARKSON *hebt Depeschenstöße hoch.* Aktien und Papiergeld wertlos! So etwas war noch nicht da ...

GRATHFORD. Man verschleudert Geld, Gold, ja Immobilien, nur um große Mengen von Lebensmitteln aufhäufen zu können!

BERTOLOTTI. Und wer nichts hat, nimmt sich, was er braucht, mit Gewalt!

DELCAMPE. Plünderungen, Blutvergießen, Aufruhr – wohin Sie blicken. Wahnsinn und Chaos – in jedem Land. Die Straßen vollgestopft mit Fahrzeugen und Menschen, die fort wollen und nicht wissen: wohin und wozu! Panik bei den Besonnensten. Hysterie bei den Vernünftigsten ...

OVERTÜSCH. Die Leute zittern vor der nächsten Stunde. Was wird sie bringen? Ein Überschäumen der Meere? Feuerregen? Daß sich die Erde auftut und alle verschlingt? Wenn dieses Wunder möglich war, warum soll nicht alles möglich sein?

DUPIN *mit weitem Blick.* Die Sintflut ... Wie die Sintflut ...! So muß es zugegangen sein, als die Sintflut ausbrach ...

LAMPARENNE *schlägt auf den Tisch.* Eminenz! Es hat ja niemals eine Sintflut gegeben! Das ist ja bloß ein Schreckmittel für ungezogene Kinder! *Tumult.*

STEPPACH. In meiner Eigenschaft als wissenschaftlicher Sachverständiger kann ich nicht umhin, festzustellen, daß es sich damals um eine lokale Überschwemmung des Euphrat und Tigris gehandelt haben dürfte, aus der dann die Redakteure des Alten Testamentes in der bekannten journalistischen Übertreibungssucht eine »Weltkatastrophe«, die »Sintflut«, gemacht haben. *Gelächter, Zwischenrufe.*

DELCAMPE. Meine Herren Delegierten! In unseren Händen liegt in dieser Stunde das Schicksal Europas! Nicht mehr lange – und diese Türen werden sich öffnen und eine Abordnung jener – – Männer einlassen ... Hohe Konferenz! Zeigen wir uns unserer Aufgabe gewachsen! Nützen wir diese Stunde in sachlicher Arbeit! Fahren wir endlich in der Tagesordnung fort! *Beifall. Er setzt sich.*

GRATHFORD. Ich erteile das Wort zu einem Gutachten über die Auferstehung Seiner Eminenz, dem Herrn Kardinal Dupin, Erzbischof von Paris.

DUPIN *erhebt sich.* Erlauchte Versammlung! Mit Ergriffenheit, aber auch mit tiefer Bestürzung hat die gläubige und die ungläubige Menschheit von jener ... »Auferstehung« Kenntnis genommen, die als »Wunder«, als »neue Offenbarung des Herrn« umstritten wird. *Pause.* Nun, hohe Versammlung, es will mich bedünken, daß wohl nur die Kirche mit Autorität die Frage zu beantworten vermag, ob das, was sich ereignet hat, als »Wunder« anzusprechen ist oder nicht.

LAMPARENNE. Und die Wissenschaft!

DUPIN *überhört den Einwurf.* Diese ... »Auferstehung«! Betrachten wir sie doch einmal kritisch! ... Nun, sie gleicht in nichts jener herrlichen Auferstehung, an die wir glauben, um die wir beten, die uns für den Jüngsten Tag verheißen ist ... Der Herr, in großer

Kraft und Herrlichkeit, umgeben von Seinen heiligen Engem, ist nicht zur Erde gefahren, die Auferstandenen und mit ihnen die noch Lebenden sind dem Herrn auf den Wolken des Himmels nicht entgegengerückt worden, um Ihn auf dem letzten Stück des Weges Seiner Erdenfahrt zu begleiten, der Weltbrand ist unterdessen nicht ausgebrochen, die anschließende Verklärung des Weltalls nicht erfolgt, und der Herr und Seine Gefolgschaft sind nicht auf der erneuerten Erde erschienen, um hier das Weltgericht zu halten und hernach unter den verklärten Menschenkindern zu wohnen. Nichts, nichts von alledem ist geschehen ...

CLARKSON *klopft unbemerkt leise dreimal mit dem Fingerknöchel auf den Tisch.*

DUPIN. Die »Auferstandenen« aber! Nun, man hört ja allerlei über sie! Merkwürdiges. Erstaunliches. Befremdliches. Aber leider nichts von dem Verheißenen ... »Verklärte Menschenkinder«! Ach, meine Teuren, wie sieht es mit ihrer »Verklärung« aus. Mit bitterem Schmerz muß festgestellt werden: der Sinn dieser Auferstandenen scheint wenig erdabgewandt, Himmlischem zugekehrt, lammhaft und heilig zu sein. Es scheint nicht, daß sie wiedergekommen sind, um unter uns ein Leben des erhabenen Beispiels, des Geläutertseins und der Erbauung zu fuhren, ein Leben, in dem der Fromme, aller Qual und Unvollkommenheit des Erdendaseins sichtbarlich entrückt, in ewiger Herrlichkeit und Vollkommenheit dahinlebt ... Nein, meine Freunde! Diese Auferstandenen erstreben Irdisches. Nur Irdisches! Ihre Plätze im Leben wollen sie wieder! Ihr Hab und Gut! Ihre Bräute, ihre Weiber, ihre Dirnen!

Und nun frage ich Sie, hohe Delegierte: Das soll ein Wunder des Herrn sein? Dazu soll der Herr Tote erweckt haben? Damit sie leben, wie sie lebten? In Sünde und Beschränktheit? In Zweifel und Verstocktheit? In Völlerei und Hurerei?

Nein, hohe Versammlung! Gottgewollt, ein Wunder, eine neue Offenbarung ist dieses Vorkommnis nicht! Denn wäre es das: wie hätten nicht wir, die Diener der Kirche, Ahnungen, Visionen, – Verkündigungen gehabt?! Wie wären uns nicht Heilige im Traum erschienen und hätten uns dies Wunder in Aussicht gestellt?! Nichts, nichts, nichts ist geschehen. Die Kirche weiß von nichts ... Doch wenn wir, die Diener der Kirche und des strahlenden Lichtes, nichts davon wissen, so schließt das ja nicht aus, daß – andere besser unterrichtet sind. *Wirkungsvolle Pause.* Die Diener – der Nacht etwa und der Finsternis! *Er setzt sich.*

LAMPARENNE *springt auf.* Ich bitte, das zu protokollieren! Ich verlange, daß das protokolliert wird! »Diener der Nacht und der Finsternis«!

GRATHFORD *mokant.* Haben Sie – die Nacht und die Finsternis?

SCHRIFTFÜHRER. Jawohl, Mylord.

GRATHFORD. Das Wort hat der Herr Generalsuperintendent Palm.

PALM *erhebt sich.* Seine Eminenz, der Herr Kardinal, hat für die hohen Autoritätskirchen gesprochen. Ich habe die Ehre, im Namen aller freien evangelischen und der hier nicht vertretenen Kirchen zu erklären, daß uns in diesem Belang nichts vom Standpunkt der Autoritätskirchen trennt ...

FORBACH *wiegt den Kopf.* Sss! Hausse in Wundern! Sss!

PALM. Die erleuchteten Ausführungen Seiner Eminenz sind auch vollinhaltlich die unseren. *Setzt sich.*

GRATHFORD. Das Wort hat der Herr Vertreter des – mhm – Alten Testamentes!

LAMPARENNE. Obwohl wir über das Alte Testament nicht besser denken als über das Neue ...

GADENAU. Wirklich nicht, Herr Lamparenne? *Lärm.*

LAMPARENNE. ... stelle ich fest, daß das Wort zuerst dem Vertreter des Alten Testamentes gebührt hätte. Denn es war vor dem Neuen da! Es besteht kein Anlaß, diesen Herrn zurückzusetzen, bloß, weil er mosaischer Konfession ist! Als Rabbiner kann er ja diesen Geburtsfehler nicht gut korrigieren!

GRATHFORD *schwingt die Glocke.* Herr Oberrabbiner Doktor Forbach! Ich bitte Sie, uns zu sagen, ob die Auferstehung nach den Dogmen Ihres – mhm – Glaubens erfolgt ist.

FORBACH *erhebt sich, kraut seine Bartspitzen.* Hohe Exzellenzen und Eminenzen! Es tut mir leid – aber es ist bei der Auferstehung leider nicht so zugegangen, wie es sich gehört ... Die Auferstehung ist nicht erfolgt nach den Voraussagungen unserer großen Propheten; denn es steht geschrieben, daß sie erst kommen wird, wenn der Messias erschienen und sein Reich angebrochen sein wird ... Und jetzt frage ich Sie, hohe Exzellenzen, fromme Eminenzen und tapfere Generalfeldmarschälle: wo ist der Messias?! Und wo ist sein Reich?! *Lachen.*

DELCAMPE. Das wollen wir ja gerade von Ihnen hören!

GRATHFORD. Für wann erwarten Sie ihn denn?

FORBACH. Die Prophezeiungen sind geteilt. Die einen sagen so, die ändern so. Heute schreiben wir das Jahr unserer Zeit: 5699 ... Wem Gott die Gnade geben wird, zu erleben das Jahr 6000, der wird wissen, ob die einen recht gehabt haben. Haben nicht die einen recht gehabt, werden die ändern recht haben.

GRATHFORD. Das wäre ja bloß ... In bloß 301 Jahren wäre das!

FORBACH. So ist es, hoher Herr Minister. In 301 Jahren. Was wird bis dahin aus uns geworden sein? Aus Ihnen, den hohen Exzellenzen, den frommen Eminenzen, den tapferen Generalfeldmarschällen und aus mir armem, altem Ju ... Mann? Abák w' Affàr – Staub und Asche ...!

GRATHFORD. Die Erde ist Jahrmillionen alt. Was sind dagegengehalten 301 Jahre?

OVERTÜSCH. Wie, wenn die Ihnen prophezeite Auferstehung schon begonnen hätte?

GRATHFORD. Wäre das möglich?

FORBACH. Nein. Denn wir schreiben erst das Jahr 5699.

DELCAMPE. Immerhin wäre aber zu erwägen, daß ...

FORBACH. Herr Minister! Das Alte Testament erwägt nicht! Das Alte Testament beharrt! *Pause.* Die Auferstehung wird erfolgen, sobald der Messias erschienen sein wird. Nicht früher, nicht später. In dieser Stunde aber wird die Erde ihr Anvertrautes wiedergeben, das Totenreich wird wiedergeben sein Anvertrautes, und die Hölle wird zurückgeben, was sie schuldig ist ...

GRATHFORD. Also: erst muß der Messias da sein ... Nun, und woher wissen Sie denn, daß er noch nicht erschienen ist?

FORBACH *wird herumgerissen.*

DELCAMPE. Richtig! Sehr richtig!

OVERTÜSCH. Vielleicht ist er gestern angekommen? In der vergangenen Nacht?

DELCAMPE. Und Sie wissen es einfach noch nicht!

FORBACH *erst sprachlos; dann verächtlich.* Ich hoffe, daß die hohen Exzellenzen von ihren Geschäften mehr verstehen als von meinen!

GRATHFORD. Es ist also unmöglich, daß Sie von der Ankunft des Messias nichts wüßten?

FORBACH. Ganz unmöglich.

DELCAMPE. So. Worin würden Sie sie denn, zum Beispiel, er kennen?

FORBACH. Zum Beispiel – an Ihnen. Wenn nämlich der Messias schon erschienen wäre, dann säßen Sie, hohe Exzellenzen, nicht mehr in diesem schönen Saal.

OVERTÜSCH. Wo säßen wir sonst?

FORBACH. Dort, wo im Reiche des Messias Ihr Platz sein wird. In der Gehenna.

GRATHFORD. Ich fürchte, wir sind alle schwach in Geographie. Wo ist das, bitte?

FORBACH *verschämt zum Kardinal.* Bitte, sagen Sie es ihnen, fromme Eminenz. Mir ist es peinlich.

DUPIN. Die Gehenna ist die jüdische Hölle, Exzellenz.

LAMARQUE *springt auf.* Herr –!!

GADENAU. Das ist eine jüdische Frechheit!

GRATHFORD *lächelt amüsiert.*

FORBACH *gesteigert.* Denn im Reiche des Messias wird kein Platz sein für Könige, Fürsten, Minister und Mächtige ... Im Reiche des Messias wird es keinen Unterschied geben zwischen Mensch und Mensch. Das Reich des Messias wird sein – das Paradies auf Erden!

GADENAU. Da hören Sie es mit eigenen Ohren! So sieht das jüdische Paradies aus!

LAMARQUE. Kommunismus auf der ganzen Linie!

GRATHFORD. Nett. Und wie wird es dazu kommen?

FORBACH *in wachsender Verzückung.* Eine Posaune wird sich reichen lassen der Herr. Eine silberne Posaune! 2000 Ellen wird ihre Länge sein, und ihr Schall wird gehört werden von einem Ende der Erde zum ändern ... Und der Herr wird ergreifen die Posaune. Und der Herr wird stoßen in die Posaune – siebenmal! Beim ersten Schall wird die Erde erzittern. Beim zweiten wird sich sondern der Menschen Staub von anderem Staub. Beim dritten werden die Gebeine sich zusammenfügen, sich erwärmen beim vierten und sich mit Adern und Haut überziehn beim fünften. Beim sechsten Schall werden Seele und Geist in die toten Körper zurückkehren, und beim siebenten werden die Toten sich aufrichten, bekleidet dastehn und wieder leben! Anheben wird ewige Freude und ewiger Jubel, wiederfinden werden einander, die einander verloren, und es werden vergolten werden dem jüdischen Volk mit ewigem Glück alle Folterungen, die es seit Jahrtausenden erlitten hat ... *Mit tiefgeneigtem Haupt.* Die Posaunenstöße des Herrn – ich habe sie nicht vernommen. Das Reich des Messias – es ist noch fern. *Er setzt sich. Die Delegierten wechseln Blicke.*

LAMPARENNE *schlägt auf den Tisch.* Lord Grathford! Haben Sie noch immer nicht genug? »Diener der Nacht und der Finsternis!« »Gehenna!« »Silberne Posaune des Herrn!« – Im Jahre 1939!

GRATHFORD *lächelt.* Sogleich, Herr Lamparenne! Sogleich wird auch Ihrem Standpunkt Rechnung getragen werden: das Wort hat der Herr wissenschaftliche Sachverständige Professor Doktor Steppach.

STEPPACH *erhebt sich selbstbewußt.* Meine Damen und Herren! Hochgeschätztes Auditorium! Ich habe die sehr ehrenvolle Aufgabe, Ihnen das Urteil maßgebender wissenschaftlicher Kreise über diese »Auferstehung« zu vermitteln, die als »Wunder« die Welt in Erregung hält. *Lächelnd.* Nun, illustre Zuhörerschaft, was sich ereignet hat, ist kein Wunder! Ist ganz gewiß kein Wunder!

GRUPPE *hinter Lamparenne.* Aha! Da hört ihrs! Kein Wunder! Kein Wunder!

STEPPACH. Denn, meine Hochverehrten: es gibt nämlich keine Wunder!

BISCHÖFE *lachen.*

FORBACH *wiegt den Kopf.* Sss! Was für ein Beweis! Was für ein großer Kopf, dieser berühmte Herr Professor! Sss!

STEPPACH. Hohe Konferenz! Was ist denn geschehen, daß die Klügsten, die Ruhigsten, die Vernünftigsten die Köpfe verlieren und von »Wundern« und »göttlichen Offenbarungen« faseln? Tote sind auferstanden. – Das ist alles. *Pause.* Ja, meine Verehrten, warum sollen denn Tote – – nicht auferstehn? *Gelächter.* Meine hohen Herren Delegierten! Fragen wir uns doch vor allem: was ist das, ein »Wunder«? ... Nun, unter einem »Wunder«, einem »Miraculum«, versteht die Theologie ein Vorkommnis, das vom gewohnten und natürlichen Ablauf der Dinge abweicht; ein Ereignis, das den Naturgesetzen nicht unterliegt, ja, das ihrem Wirken ersichtlich entgegengerichtet ist. Es liegt im Wesen eines Wunders, daß sein Geschehen nicht erklärt werden kann, daß an Stelle des Begreifens das Staunen tritt, das Wundern, und an Stelle des Wissens: der Glaube.

BISCHÖFE UND FORBACH *nicken befriedigt.*

STEPPACH. Meine Herren Delegierten! Je weniger Wissen – desto mehr Glaube und Wunder! Die Wissenschaft hat unter den überlieferten »Wundern« gründlich aufgeräumt! Der historischen Wissenschaft gelang es, nachzuweisen, daß die Mehrzahl der überlieferten Wunder nie vollbracht wurde, und der philosophischen, daß die sogenannten »Wunder«, an deren Wahrheit kein Zweifel besteht, vom natürlichen Ablauf der Dinge nicht abwichen, daß sie somit keine »Wunder« waren! *Beifall und Widerspruch.* Hohe Konferenz! Tausendjährige Erfahrung hat die Wissenschaft gelehrt, daß es für sie nur zweierlei Gruppen von Erscheinungen und Vorgängen gibt: solche, die sie bereits zu erforschen vermochte, und solche, bei denen ihr das noch nicht gelang ... Diese »Auferstehung« gehört vorderhand – vorderhand, hohes Auditorium! – noch der zweiten Gruppe an. Auf wie lange – vermag heute niemand vorauszusagen. Dereinst wird jedenfalls auch dieses »Wunder« in das Museum zu den übrigen »Wundern« gestellt werden können, wird es hi allen Einzelheiten erkannt und – entlarvt sein! Hohe Delegierte! Möge das Bewußtsein der Überlegenheit des menschlichen Geistes über die Rätsel der Natur Sie erheben! Möge diese Erkenntnis Ihnen eine stolze Genugtuung sein ... *Pause.* Hohe Konferenz! Ich bin zu Ende. *Er setzt sich mit der Miene eines Siegers.*

LAMARQUE *beugt sich zu Grathford.* Entschuldigen Sie, Lord Grathford, aber – ich bin zu ungebildet. Ich habe nichts verstanden. Was hat der Mann eigentlich gesagt?

GRATHFORD. Daß er genau so wenig weiß wie wir alle, General.

LAMARQUE. Teufel! Er hat aber lang dazu gebraucht!

GRATHFORD. Er hat sich eben wissenschaftlich ausgedrückt, General. – *Blickt in seine Papiere.* Zur ethischen Seite der Auferstehung wünscht das Wort –? *Stille. Niemand meldet sich.*

GADENAU. Quatsch.

GRATHFORD *diktiert dem Schriftführer.* Die hohe Konferenz wendet der ethischen Seite der Auferstehung ihre besondere Aufmerksamkeit zu. Sie wünscht, sie einer gründlichen und gewissenhaften Erörterung zu unterziehen, und weist ihre Behandlung daher einem – Ausschuß zu, der unter Vorsitz ... unter Vorsitz ... *Zu Gadenau.* Wie meinten Sie vorhin?

GADENAU. Quatsch.

GRATHFORD. ... der unter Vorsitz des Herrn wissenschaftlichen Sachverständigen Professor Doktor Steppach zusammentreten wird.

SCHRIFTFÜHRER *wiederholt.* ... zusammentreten wird.

In diesem Augenblick setzt ein alarmierendes Glockensignal ein. Die beiden rückwärtigen Türen werden aufgerissen, Beamte und Lakaien treten hastig ein und flüstern den französischen Ministern Meldungen zu.

DELCAMPE *und die französischen Minister erheben sich bestürzt.* Lord Grathford! Meine Herren Delegierten! – Sie sind da.
ALLE *erheben sich erregt. Ausrufe der Bestürzung.*

Die Tapetentüren im Vordergrund fliegen auf: von Wittekind und Vaudemont geführt, betritt ein Trupp Auferstandener schwerfällig den Saal. – Die Konferenzteilnehmer drängen sich unwillkürlich aneinander.

VAUDEMONT *ohne sie zu beachten.* Da. Da sind wir. Setzt euch, legt euch, wo ihr Platz findet.
MOREL *ächzend.* Müd, Kapitän!
WEBER UND SCHMIDT. Hundsmüd, saumüd, Hauptmann!
WITTEKIND. Seid das Gehn nicht mehr gewohnt, Jungens. *Stille. Der Trupp hat sich gelagert. Die einen auf Stühlen, Stuhllehnen oder auf dem Tisch, die ändern haben sich auf dem Fußboden ausgestreckt.*
ROUBEAU *liegend. Nach langer Pause.* Trocken. Weich. Warm.
SCHMIDT. Teppich und Vorhänge. Damast, Marmor, Gold.
BAILLARD. So leben die hier ...
LEHMANN. Und uns haben die ... Uns haben die ...
DUBOIS. Ohne Kleider und ohne Stiefel ...
SONNEBORN. Nicht mal was Warmes über den Kopf ...
LEHMANN. So haben die uns ... So haben die uns ...
ROUBEAU. Erst zerschossen und verbrannt ...
SCHRÖDER. Dann in die Grube geschmissen ...
DUBOIS. Und dann – ab mit Rückenwind!
VIELE. Hunde, verfluchte. *Stille.*

Die Delegierten schweigen betroffen. Auf einen Blick Delcampes tritt Lamarque vor.

LAMARQUE. Kameraden! War die Not!
GADENAU. Befanden uns alle in Not!
LAMARQUE. War Mangel an Kleidern und Stiefeln.
GADENAU. Die Kämpfer brauchten sie. Die Lebenden.
LAMARQUE. Was nützten sie euch?

GADENAU. Ihr wart ja tot!

ROUBEAU *nach einer Pause.* Wer sind die?

WEBER. Rote Streifen, goldene Borten, schwarze Röcke. Siehst denn nicht? Generäle – Minister.

ROUBEAU. Generäle –!

MOREL. Was weiß so ein General vom Sterben?

VERRON. General. Du weißt, wie man tötet.

HESSEL. Bist darin ein Fachmann.

VERRON. Aber du weißt nicht, was das ist: getötet werden. *Stille.*

Auf ein Zeichen Grathfords nehmen die Delegierten wieder ihre Plätze ein. Man bedeutet einander, das Wort zu ergreifen. Endlich erhebt sich der Kardinal.

DUPIN *salbungsvoll.* Meine teuren Söhne! Nach Gottes hohem, weisem und unerforschlichem Ratschluß wart ihr, meine Geliebten, für die höchste Gnade auserkoren, die dem Menschen auf Erden zuteil werden kann. Ihr wart auserwählt, Gott, dem Herrn, euer Leben am Altar des Vaterlandes darbringen zu dürfen, ihr wart berufen, Märtyrer eurer Heimat zu werden, den heiligen Opfertod fürs Vaterland erleiden zu dürfen.

ROUBEAU. Wer ist der?

WEBER. Purpurmantel, roter Seidenhut. Siehst denn nicht? Ein Kardinal.

ROUBEAU. Ein Kardinal –!

VERRON. Kardinal, du weißt, wie man betet.

HESSEL. Bist darin ein Fachmann.

MOREL. Aber was weißt du – von Gott?!

SONNEBORN. Ein toter Maulwurf weiß mehr vom Sterben als so ein General und mehr von Gott als so ein Kardinal.

ROUBEAU. Wenn die erst ihre Mäuler mit Lehm und Dreck und Erde so voll haben werden wie jetzt mit großen Worten – dann werden die so viel wissen ...

DUPIN *setzt sich wortlos und tief empört. Pause.*

GRATHFORD *erhebt sich.* Soldaten! Wir grüßen euch im Namen eurer Heimat!

DIE DELEGIERTEN *erheben sich und setzen sich wieder.*

OVERTÜSCH. Deutsche! Immer hat die Heimat euer gedacht!

LAMARQUE. Franzosen! Niemals haben wir unsere Pflicht gegen euch verletzt!

GRATHFORD. Die Regierung keines Landes hat euer Opfer vergessen!

DELCAMPE. Wir haben mit großen Mitteln die Heldenfriedhöfe instand gehalten. Der Bau der Denkmäler hat die im Budget angesetzten Ziffern weit überschritten! Und das Grabmal des »Unbekannten Soldaten« ist eine internationale Sehenswürdigkeit! *Zustimmung der Delegierten.*

CLARKSON. Die Regierung der Staaten hat für »Pietät« jährlich einen sehr großen Posten im Voranschlag. Seit einigen Jahren fuhren wir eure Witwen und Mütter gruppenweise auf Staatskosten auf die Heldenfriedhöfe nach Europa und bringen sie wieder nach Hause. Es kostet verdammt viel – aber es wird gemacht!

OVERTÜSCH. Deutschland ist arm. Es kann sich so großzügige Pietät nicht leisten. Dafür geschieht um so mehr in idealer Hinsicht.

GRATHFORD. Auch England, meine Freunde, hat sich gemerkt, daß Hunderttausende seiner Söhne gefallen sind, damit die übrigen um so besser leben können.

BERTOLOTTI. Und Italien! Das faschistische Italien ehrt seine Gefallenen, wie die Helden der Antike geehrt wurden!

ANDERE. Und Japan! Jugoslawien! Rumänien! Polen!

GADENAU *schlägt auf den Tisch.* Also! Man tat für euch, was man nur konnte!

LAMARQUE. Jawohl! Was wollt ihr eigentlich?

VIELE. Was wollt ihr? Was wollt ihr?

WITTEKIND *schwer.* Ihr –! Ihr –! Wir waren dreiundzwanzig Jahre lang begraben. Begraben! Ihr –!

VAUDEMONT. Laßt uns erst fragen!

GRATHFORD. Ihr habt das Wort. Bitte, fragt. *Stille.*

HESSEL *leise.* Kanzler von Deutschland. *Pause.* Ist er unter euch?

OVERTÜSCH. Ist hier.

HESSEL. Kanzler von Deutschland. *Pause. Leise.* Wie stehts – daheim?

SCHRÖDER. Hat sich das Land vom Krieg erholt?

SONNEBORN. Habt ihr – für unsere Hinterbliebenen gesorgt ...?

HESSEL *leise.* Für meine – alte Mutter ...?

SCHMIDT. Für meine Frau ...?

LEHMANN. Für meine Kinder ...?

HESSEL. Hat sie, was sie braucht?

LEHMANN. Hungern sie nicht?

OVERTÜSCH *nach einer Pause.* Deutschland hat den Krieg verloren.

GADENAU. Der Krieg hat auch unsere Wirtschaft vernichtet.

OVERTÜSCH. Unsere Währung. Das Vermögen der Nation und die Ersparnisse aller.

GADENAU. Wir müssen die Kriegskosten der Welt bezahlen.

OVERTÜSCH. Deutschland ist verarmt. Unser Wollen hat seine Grenze im Können.

HESSEL *leise.* Das heißt, Kameraden: sie hungern ...

SCHMIDT, LEHMANN, WEBER UND SCHRÖDER *wiederholen leise.* Sie hungern ... Sie lassen sie hungern ...

WITTEKIND. Brüder! Erst das andere!

VERRON. Minister von Frankreich! Wie steht es bei uns?

LAMARQUE. Gesiegt. Wir haben gesiegt.

VAUDEMONT. Dann lag das Friedenschließen bei euch. Habt ihr Frieden?

DELCAMPE. Wir haben Frieden.

VERRON. Einen guten Frieden? Einen gerechten – für alle?

ROUBEAU. Nicht so einen, wie wir ihn nach 1871 hatten?

DUBOIS. Dessentwegen wir so früh in die Grube mußten!

ROUBEAU. Wir müssen das wissen, Minister von Frankreich!

BAILLARD. Denn wir müssen gewiß sein, daß es morgen oder übermorgen unseren Söhnen nicht so ergehen wird, wie es uns ergangen ist ...

DELCAMPE *mit einiger Heftigkeit.* Wir – haben – Frieden!

VIELE DER AUFERSTANDENEN. Frieden. Frieden. Sie haben einen guten und gerechten Frieden ... Dann war es nicht umsonst ...

ROUBEAU. In der Fabrik war ich. Vor dem Krieg erzeugten wir Zigarrenspitzen, Pfeifen, Spazierstöcke, Schirmgriffe, Schachfiguren ... Und jetzt fabrizieren die Zünder! Säulenzünder. Doppelzünder. Fliegerbomben und Granaten. Wozu, Minister? Wozu?

VIELE DER AUFERSTANDENEN. Wozu? Wozu?

DELCAMPE *nach einer Pause.* Ihr wart fünfundzwanzig Jahre aus der Welt ...

LAMARQUE. Unsere Armee muß schlagfertig sein!

VIELE DER AUFERSTANDENEN. Warum denn? Ihr habt doch Frieden! Frieden habt ihr doch!!

DELCAMPE. Wir haben Frieden, meine Freunde! *Pause.* Aber leider nicht alle unter uns – wollen ihn bewahren!

BERTOLOTTI *springt auf.* Delcampe! Sie haben bei dieser Bemerkung mich angeblickt! Wollen Sie damit sagen, daß Italien ...?

LAMARQUE *erhebt sich, schlägt auf den Tisch.* Delcampe! Sagen Sie jetzt: Ja!!

DELCAMPE. Italien tut unrecht, seine Grenzen gegen uns zu befestigen!

LAMARQUE. Und Armee und Luftflotte in diesem Maße zu vergrößern!

BERTOLOTTI *ebenso hitzig.* Das sagt ihr? Ihr, die ihr erst gestern Frankreichs militärische Macht gerühmt habt?

DELCAMPE. Wir gehen bloß auf Erhaltung des Bestehenden aus. Ihr auf Erwerb!

BERTOLOTTI. Man gebe uns, was wir brauchen – und auch wir werden uns mit seiner Erhaltung begnügen!

LAMARQUE. Nizza wollt ihr! Unsere Kolonien!

BERTOLOTTI. Wir brauchen Land für unseren Bevölkerungsüberschuß. Man gebe uns gutwillig, was wir nötig haben ...

DELCAMPE *und die französischen Minister toben.* Nie!! Nie!! Nie!!

YOSHITOMO. Japan hat Verständnis für Italien. Es geht uns wie euch!

TSATANAKU *hinter Yoshitomo.* Auch wir können unseren Bevölkerungsüberschuß nicht ernähren!

YOSHITOMO. Keinen Reis, kein Getreide, keine Rohstoffe!

TSATANAKU. England und die Vereinigten Staaten könnten uns helfen, wenn sie wollten!

YOSHITOMO. Aber England und die Staaten wollen nicht ... Schade. Sehr schade. Zu spät wird man einsehen, wie schade es war ...

CLARKSON *erhebt sich.* Besiedelt doch Indien! Australien! Die Dominions sind groß! Washington wird euch nichts in den Weg legen!

GRATHFORD *erhebt sich erregt.* Herr Clarkson! Ihr Ratschlag ist ein unfreundlicher Akt! Verfügen Sie über amerikanisches Gebiet! Aber nicht über Territorium des Britischen Imperiums! Clarkson! Teufel! Die Zeit des Britischen Imperiums ist vorbei! Denkt an Indien und an – Rußland!

GRATHFORD. Rußland könnte sich als schlechte Spekulation erweisen, Herr Clarkson! Es wird Sorge getragen werden, daß es von Rumänien, Polen und den Randstaaten nicht unbeschäftigt bleibt!

BERTOLOTTI *zu den Japanern.* Geduld müßt ihr haben! Wenn es erst zum Krieg zwischen City und Wallstreet kommt, werdet ihr euch nehmen können, was ihr braucht! Ihr – und wir!!

DELCAMPE *heftig.* Mit Deutschlands Hilfe wohl, Herr Bertolotti?

OVERTÜSCH. Wem könnte Deutschland heute ein wertvoller Bundesgenosse sein?

GADENAU. Wir sind doch entwaffnet!

OVERTÜSCH. Wir haben doch keine Armee!

LAMARQUE *heftig.* Auch keine – Laboratorien, Herr Reichskanzler?

DELCAMPE *ebenso.* Und die deutschen Chemiker ... sind die vielleicht ausgestorben??

OVERTÜSCH *springt auf.* Was wollen Sie damit sagen?

LAMARQUE. Daß ihr ein neues Giftgas erfunden habt, gegen das keine Maske schützt!

OVERTÜSCH. Eine infame Unterstellung!!

GADENAU *wild.* Warum sollt ihr euch denn einmal gegen unsere Giftgase schützen können, wenn wir uns nicht gegen eure – – – Pestbazillen werden schützen können?!

LAMARQUE UND DELCAMPE. Pestbazillen –??

GADENAU. Die Frankreich in seinen Laboratorien für einen Krieg gegen uns züchtet!!

DELCAMPE. Lüge! Lüge! Bodenlose Verleumdung!!

OVERTÜSCH. Wahr oder nicht wahr! Auch wir haben ein Recht, von euch zu glauben, was man uns zumutet!

Tumult. Die Delegierten haben ihre Plätze verlassen und sich einander heftig erregt genähert.

LAMPARENNE. Da –! Da –! Hörst du, Europa –? Siehst du, Europa –? Hörst du und siehst du, wohin die kapitalistische Welt treibt?? Aber ihr macht eure Rechnung ohne uns! Euer nächster Weltkrieg wird auch euer letzter sein! Denn er wird euch alle verschütten: Minister und Generäle! Bischöfe und Bankiers! Euch alle! Alle! Alle! *Seine Umgebung rast Beifall.*
BISCHÖFE. Frieden! Frieden! Meine Freunde! Haltet Frieden!!

Die Delegierten verstummen plötzlich und gehen beschämt auf ihre Plätze zurück. Die Auferstandenen hatten sich vorgeneigt und mit großen Augen zugesehen. Nun erheben sie sich langsam und gehen müde und hoffnungslos auf die Türen zu.

DELCAMPE. Halt! Wohin? Bleibt!
GRATHFORD. Ihr wolltet doch fragen?
VAUDEMONT *langsam.* Fragen –?
WITTEKIND. Will jemand von euch ... noch was wissen? *Stille.*
WITTEKIND. Keiner. *Sie wollen gehen.*
GADENAU. Bleibt!
LAMARQUE. Denn nun ist die Reihe an uns!
GADENAU. Als Helden wurdet ihr verehrt. Als ruhmvolles Beispiel gehörte euer Tod den Nationen und Armeen!
LAMARQUE. In allen Lesebüchern ist von euch die Rede!
GADENAU. Euer Beispiel vor Augen wuchs die Jugend der Welt heran!
LAMARQUE. Gottesdienste hielt man für euch ab!
GADENAU. Heldengedenkfeiern!
LAMARQUE. Auf eure Gräber führte man die Nationen zu ihrer Erhebung!
GADENAU. Und was habt ihr aus alldem gemacht?
LAMARQUE. Desertion! Schmähliche Desertion!
GADENAU. Wozu, wozu habt ihr euch erhoben?
VIELE. Ja! Jetzt fragen wir! Wozu? Wozu?? Wozu???
HESSEL *nach einer Stille, langsam.* Als wir kamen, meinten wir es noch zu wissen ...
VIELE DER AUFERSTANDENEN. Meinten es zu wissen ... Wußten es ...
VERRON. Aber nun ... Nun wissen wirs nicht mehr ...
VIELE DER AUFERSTANDENEN. Nein, nun – wissen wirs nicht mehr ... *Stille.*
CLARKSON. Worte! Phrasen!! 170 Milliarden Dollar hat der Krieg an Ausgaben verschlungen. Dazu: 60 Milliarden Eigentumsverluste. Das sind Zahlen! Zahlen und

nicht Worte, verdammt noch einmal! Und was steht dem als einziges Äquivalent gegenüber? Die Abstoßung des überschüssigen Menschenmaterials.

VIELE *der Minister usw.* Sehr richtig. So ist es.

CLARKSON. Denn, ihr Männer, es mag ja verdammt hart für euch sein, daß gerade ihr dazu gehörtet; – für die Weltwirtschaft aber gelten nicht Sentiments, sondern eiserne Grundsätze! Der eiserne Grundsatz vor allem, daß die Kriege die Regulative sind, durch die die Überproduktion an Menschenmaterial ausgeglichen wird.

STEPPACH. Sehr richtig! Denn der Heldentod ist ja nicht nur eine Institution von hohem ethischem Wert, sondern vor allem ein wirtschaftlicher Faktor von immenser Bedeutung! Mag das Ideal des utopischen Pazifismus der ewige Friede sein – das praktische Erfordernis der Weltwirtschaft ist und bleibt: der periodische Krieg.

CLARKSON. Kurz und gut: der erste Weltkrieg des zwanzigsten Jahrhunderts schloß mit einem ruinösen Verlustsaldo. Wenn nun auch noch das abgestoßene Menschenmaterial, etwa dreizehn Millionen Überzähliger, zurückkehrt, dann wird der einzige ... Aktivposten der Weltkriegsbilanz zum vernichtendsten Passivposten! Man nenne mir einen Haushalt, der eine solche Belastung ertrüge! Kein Staat, der die kommenden Wirren auf wirtschaftlichem Gebiet ...

GRATHFORD. Auf politischem ...

OVERTÜSCH. Auf sozialem ...

DELCAMPE. Auf rechtlichem ...

DUPIN. Auf religiösem ...

CLARKSON *schlägt auf den Tisch.* ... auf wirtschaftlichem Gebiet, sage ich, aushielte! Ich halte sonst nichts von Kardinälen – aber diesmal stimme ich bei: es wäre der allgemeine Zusammenbruch. Und deshalb haben sich die dort nicht im Zeichen des Lichtes erhoben, sondern in dem der schwärzesten Finsternis. *Er setzt sich unter Beifall.*

DUPIN. Ja, meine Freunde, die Hölle hat sich aufgetan, und sie droht, uns alle zu verschlingen.

PALM *salbungsvoll.* Denn nicht von Gott, meine armen Kinder, seid ihr aus euren Gräbern gerufen worden ...

FORBACH. Nicht von Gott. *Stille.*

WITTEKIND *mächtig.* Kardinal! Bischof! Rabbiner! Habt die Waffen gesegnet, die uns töten sollten.

VAUDEMONT. Geschah das – auf Gottes Geheiß?

WITTEKIND. Kardinal! Bischof! Rabbiner! Habt Dankgottesdienste veranstaltet, als wir getötet waren.

VAUDEMONT. Geschah das – auf Gottes Geheiß?

VERRON. »Für den Sieg der eigenen Waffen beten« – so habt ihr das genannt!

HESSEL. »Für die Niederlage der fremden danken« – so habt ihr das genannt.

WITTEKIND. Kardinal! Bischof! Rabbiner! Geschah das – auf Gottes Geheiß???

VAUDEMONT. Ihr Diener Gottes auf Erden! Habt ihr damit Gott gut gedient?

LAMPARENNE *springt auf.* Gut so, Genossen, gut so! Klaget an! Brechet die Kraft der Lügen! Ihr allein könnt es! Zersprengt das Märchen vom Jenseits! Ihr allem vermögt es! Ein erträgliches Dasein im Diesseits – statt eines paradiesischen Lebens im Drüben! Ein erträgliches Leben für alle!! Klaget an, Genossen, klaget an!! *Tumult.*

GRATHFORD *schwingt die Glocke.* Die Vertreter des Klerus haben das Wort! Herr Rabbiner! Sprechen Sie!

FORBACH *erhebt sich.*

LEHMANN *schreit auf.* Rabbiner!! Ich war ein gläubiger Jude! Ein gläubiger Jude war ich! Hilf jetzt, Rabbiner! Hilf!!

FORBACH *unter Qualen, starr, in singendem Tonfall, nach und nach sich zu Fanatismus steigernd.* Ich denke an die zehnmal tausend Mütter und Väter, denen mein hartes Wort den Trost des Alters nimmt und die Hoffnung ...

Ich denke an die hundertmal tausend Frauen und Kinder, denen mein hartes Wort die Rückkehr nimmt des Gatten und des Vaters ...

Aber ich denke auch an die tausendmal Tausend meines armen verfolgten Volkes, das seine bitter errungene Gleichberechtigung in jedem Kriege mit neuen Blutopfern bezahlen und erweisen muß ...

Juden, die ihr im Krieg gefallen seid! Uns ist es nicht vergönnt, euch mit unserm ganzen Herzen zu betrauern! Uns ist es nicht vergönnt, euch mit beiden Augen zu beweinen! Denn auch jubeln müßten wir über euern Tod! Jubeln und den Herrn lobpreisen, daß er eure Opferung am Altar des Vaterlandes angenommen ... *Er hebt beschwörend die Arme empor.* Darum, und auf daß an eurer und der Euren Heimattreue nicht gezweifelt werden könne; auf daß nicht neue Anfeindungen und Verfolgungen über die Euren kommen: Gefallene Juden! Traget euer Schicksal! Behaltet euren Tod! Bleibet für alle Zeit, was ihr für uns seid: für euer Vaterland gefallen und der Erde wiedergegeben, auf daß ihr in ihr vergehet! ... *Seine Stimme schwillt vermaledeiend an.* Wo nicht – bringet ihr Unheil über die Euren! Wo nicht – kommt neues, namenloses Elend über sie! Wo nicht – sollt ihr ausgelöscht sein aus dem Buche der Lebenden wie der Toten!! Wo nicht sollt ihr unkenntlich sein den Euren, und mit Grauen und Entsetzen sollen sie euren vermaledeiten Anblick fliehen!

LEHMANN. Rabbiner!! Rabbiner!! Ein gläubiger Jude war ich zeitlebens!! Hab gebetet und gefastet und gefastet und gebetet und alle Gesetze und Gebote gehalten, Rabbiner!!!

FORBACH. Wo nicht – – soll verlöschen der letzte Rest eures Bildes in ihren Herzen und der letzte Rest der Erinnerung an euch in ihrem Hirn! Kein Totengebet soll über ihre Lippen sich ringen können, kein Seufzer um euch, kein frommer Wunsch und kein wortgewordener Gedanke! Als wärt ihr niemals gewesen – so soll es sein:

ausgeschlossen und ausgetrieben aus dem Reich des Messias – für jetzt und alle Ewigkeit!! Amen. *Er setzt sich und schlägt beide Hände vors Gesicht.*
LEHMANN *taumelt an den andern vorbei, ab.*
GRATHFORD. Die hohe Kirche hat das Wort!
DUPIN UND PALM *erheben sich. Unpathetisch, im Wechselsang, litaneihaft.*
DUPIN *führt.* Kein Wunder des Himmels ist diese Auferstehung ...
PALM. Und keine Offenbarung des Herrn ...
DUPIN. Denn nicht der Herr hat euch Unselige erweckt ...
PALM. Auf daß eure Wiederkunft die Menschheit in Schrecken versetze ...
DUPIN. Die Seelen der Frommen verwirre ...
PALM. Die Gläubigen in Versuchung führe ...
DUPIN. Die Ungläubigen frohlocken lasse ...
PALM. Neue Fluten von Abtrünnigkeit und Zweifel über die Erde ergieße ...
DUPIN. Der Menschheit den Glauben nehme ...
PALM. Ihr die Hoffnung auf ewige Seligkeit raube ...
DUPIN *abschließend.* Und die Fundamente Seiner Kirche zertrümmere ...
PALM *abschließend.* Nicht der Herr ...
DUPIN *setzt von neuem an.* Kehret darum zurück, Unselige ...
PALM. Kehret zurück ...
DUPIN. Woher ihr gekommen seid ...
PALM. In euer finsteres Reich ...
DUPIN. Denn – ausgestoßen sollt ihr sein und exkommuniziert ...
PALM *abschließend.* Wenn der Ruf der Finsternis euch mehr gilt als das Licht ...
DUPIN *abschließend.* Und als unser heiliges Wort – Amen.
PALM *gleichzeitig mit ihm.* Amen. *Sie setzen sich.*

Die Auferstandenen haben bereits früher begonnen, langsam und mit gesenktem Kopf, wie sie gekommen, den Saal zu verlassen. Keiner von ihnen ist mehr anwesend, als die Bischöfe enden.

GRATHFORD *schwingt die Glocke, erhebt sich.* Die Anträge sind erstattet, die Gutachten gegeben. Hohe Konferenz: die Regierungen beschließen.

In diesem Augenblick wird eine Flügeltür aufgerissen. Herein stürzt mit den Zeichen heftigster Erregung ein noch junger Prälat.

PRÄLAT *schreiend.* Haltet ein! Haltet ein! Beschließt nichts!! Alles ist richtig!!!
DUPIN *springt auf.* Monsignore!! Aus Rom – –?? Was gibts?? Was ist geschehn??!

PRÄLAT *ächzend*. Das Wunder, Eminenz ... Die Auferstehung ... Der Heilige Vater ...!!!

ALLE *erheben sich*. Was ist damit! Sprechen Sie doch! Was ist mit Seiner Heiligkeit?

PRÄLAT. Das Pallium und die Tiara ... Der Heilige Vater hat sich das Pallium und die Tiara abgerissen ... Der Heilige Vater ist aus dem Vatikan – – geflohen ...!!

ALLE. Was – –?? Wohin – –?? Warum – –??

PRÄLAT. Als – – Barfüßermönch in ein Franziskanerkloster ... Eine Erscheinung! Der Heilige Vater hat eine Erscheinung gehabt: Gott, der Herr, hat sie auferstehn und heimkehren lassen! Frieden und Versöhnung! Eine Wiedergutmachung durch Gott! Gott!! Gott!!! *Er sinkt in die Knie, schlägt fanatisch das Kreuz. Lange Stille. Die Bischöfe stehen unbeweglich.*

DELCAMPE *nach einer Weile*. Wir haben die Trennung von Staat und Kirche ...

OVERTÜSCH. Eine Angelegenheit des hohen Kardinalkollegiums ...

GRATHFORD *schwingt die Glocke*. Die Tagesordnung ist erschöpft! Hohe Konferenz! Die Regierungen beschließen ...

Die Bühne schließt sich.

Dreizehntes Bild

Der Friedhof

Die Szene und die Personen des ersten Bildes

*

*Heydner sitzt regungslos auf seinem Platz, und es ist, als ob er in Weites, Fernes,
Unwirkliches blickte.*
Einige Augenblicke völlige Stille.
*Von beiden Seiten der Bühne erscheint der geisterhafte Zug der Auferstandenen, die
lautlos wieder in das Massengrab zurückkehren.*
*Dann erscheinen unter Führung von Mazas und Vernier die von rechts rückwärts
zurückkehrenden Ausflugsteilnehmer.*
*Auch die Gärtner kommen wieder und errichten im Hintergrund, in beträchtlicher Höhe,
eine tannenreisig-geschmückte Tafel mit der Aufschrift »1914-1939«.*

HENKEL. Na Fritzchen, hast du dich auch ordentlich umgesehn?

FRITZCHEN. Gewiß, Vater.

HENKEL. Hast du auch was zugelernt?

FRITZCHEN *gedehnt.* Gelernt, Vater?

HENKEL. Donnerwetter, Junge, bist doch nicht bloß zu deinem Vergnügen
hergekommen?

FRITZCHEN. Nicht, Vater?

HENKEL *geärgert.* Natürlich nicht, dummer Junge! Sollst bei allem was fürs Leben
lernen! Überall kann 'n rechter Kerl was fürs Leben lernen. Hab ich recht, Mutter?

FRAU HENKEL. Immer hast du recht, Vater.

FRITZCHEN. Vater, was konnte man denn hier fürs Leben lernen?

HENKEL. Was –? Das kannst du noch fragen? Und du willst 'n deutscher Junge sein?
Was ein Heldengrab ist, konntest du hier lernen. Verstanden?

FRITZCHEN. Jawohl, Vater.

HENKEL. Hast du dir überhaupt gemerkt, was ich dich auf der Herfahrt gelehrt habe?
He? Was für ein Tod ist denn der Soldatentod?

FRITZCHEN *furchtsam.* Der Soldatentod heißt ... Der Soldatentod ist ... Der Soldatentod
... Der Soldatentod ...

HENKEL. Na? Wirds bald, zum Henker?

FRAU HENKEL *flüstert Fritzchen die Antwort ins Ohr.*

FRITZCHEN *strahlend.* Der Soldatentod ist der schönste Tod, Vater.

HENKEL *besänftigt.* Na also. Es dauert immer eine Weile bei dir, aber schließlich spuckst dus ja doch irgendwie raus.

FRITZCHEN. Jawohl, Vater.

HENKEL. Und wie muß man ihn sterben, den Soldatentod?

FRITZCHEN. Man muß ihn ... Man darf ihn ... Man soll ihn ... Man kann ihn ... Ah! Ich weiß es wieder, Vater! Freudig muß man ihn sterben!

HENKEL. Na also! So was merkt man sich doch! Wie willst dus denn sonst wissen, wenn dus einmal brauchst? Hab ich recht, Mutter?

FRAU HENKEL. Immer hast du recht, Vater.

HENKEL *und seine Familie gehen weiter.*

Alle Teilnehmer des Ausfluges sind herangekommen und haben sich – wie bei Beginn – um Vernier geschart.

VERNIER. Damit, ladies and gentlemen, wäre die Besichtigung des Friedhofes beendet. Was es hier an Sehenswertem gibt, haben Sie gesehen ... Wer von Ihnen Ansichtskarten zu kaufen wünscht, erhält sie in der Verkaufsbude gegenüber dem Eingang. Einfache Karten zu zehn Centimes, kolorierte zu fünfzehn ... Auch sonstige Souvenirs sind dort erhältlich: Granatsplitter, ausgeschossene Maschinengewehrpatronen, Bajonette, Stahlhelme, durch garantiert echte Kopfschüsse deformiert ...

Von draußen mehrmaliges kräftiges Hupensignal.

MAZAS *blickt auf seine Uhr.* Oh lala! Es ist Zeit, nach Paris zurückzufahren, wenn die Damen und Herren noch zum Theater zurechtkommen wollen ...! Ich erlaube mir übrigens schon jetzt darauf aufmerksam zu machen, daß nach Theaterschluß bei unseren Rundfahrten »Paris bei Nacht« heute auch der Besuch der Heldentotenmessen in einigen Kirchen vorgesehen ist. Die Kirchen werden schwarz drapiert sein, alle Kerzen werden brennen, die Geistlichkeit erscheint in großem Ornat ... Eine außerordentliche Sehenswürdigkeit, meine Damen und Herren, eine außergewöhnliche Sehenswürdigkeit ...

JACKSON. Stop, Mann. Wie groß ist der Preisaufschlag?

MAZAS. Zehn Francs für Erwachsene, fünf Francs für Kinder.

JACKSON. In Belgien würde das die Hälfte kosten, Mann!

GREELEY. Sicherlich nicht mehr als die Hälfte. Das ist gewiß.

VIELE. Aber es ist interessant! Das machen wir! Das machen wir!

SHARPE. Wo erhält man die Ticketts?

MAZAS. Im Wagen, ladies and gentlemen. Im Wagen. *Die Hupe ruft dringender.*
VERNIER *stellt sich links vorne derart auf, daß alle an ihm vorübermüssen.* Meine
Damen und Herren! Ich gestatte mir zu bemerken, daß ich ausschließlich von dem
lebe, was ich mir als Fremdenführer verdiene ... Ich nehme Geld in jeder Währung an,
meine Damen und Herren ... I take every kind of money, ladies and gentlemen ... *Er
zieht sein Käppi und sagt, sich dazu verneigend, noch ehe sich ihm Leute genähert haben,
unablässig.* Merci, Messieurs, 'dames, merci beaucoup ... Thank you, Madame, thank
you very much, Sir ... Vielen Dank, meine Dame, vielen Dank, mein Herr ... Vielen
Dank ... Vielen Dank ...

Die Ausflügler gehen langsam ab, jeder wirft eine Münze in Verniers Käppi.

HEYDNER *ist längst in die Wirklichkeit zurückgekehrt. – Er hat sich erhoben und folgt
den andern als letzter. Einen Augenblick bleibt er vor Vernier stehen und betrachtet ihn
stumm. Dann legt auch er Geld in dessen Käppi.* Wir haben uns alle sehr verändert seit
damals ... *Pause.* Leben Sie wohl, Sergeant. *Ab.*
VERNIER *hat sich aufgerichtet, starrt mit offenem Mund Heydner nach. Sein Käppi ist
ihm entglitten, das Geld auf den Boden gerollt. Nach einer Weile leise, heiser.* »Seit – –
damals ...!« »Sergeant« ... Er hat zu mir »Sergeant« ... Er kennt mich von – damals her
...!! Aber auch ich ... auch ich hab den schon einmal gesehn!! *Pause; dann in jähem
Erkennen, mit Bewegung, leise.* Der – – – Deutsche!! Es war der Deutsche ...!!! *Er starrt
ihm nach.*

Die Bühne schließt sich.

Bemerkung

Es liegt im Wesen dieser Vision gegründet, daß – mit Ausnahme der »Auferstandenen« – sämtliche Gestalten des 2. bis 12. Bildes mit den Personen des 1. (13.) Bildes identisch sind.

Es empfiehlt sich daher, spielen zu lassen:

Die Rolle des (der)		durch den Darsteller des (der)
Delcampe, französischen Ministerpräsidenten	im 2., 5., 12. Bild	Remusat
Dr. Overtüsch, Reichskanzlers	im 3., 6., 12. Bild	Dr. Patz
Sprechers des Rundfunks Berlin	im 3. Bild	Mazas
Boten	im 4. Bild	Heydner
Lamarque, Generals und französischen Kriegsministers	im 4. und 12. Bild	Lerat
Gadenau, Generals und deutschen Kriegsministers	im 4. und 12. Bild	Henkel
Odette Lefèvre	im 5. Bild	Mme. Duvernois
Frau Overtüsch	im 6. Bild	Frau Patz
Lord Grathford, englischen Ministerpräsidenten	im 7. und 12. Bild	Sharpe
Leeds, seines Kammerlakais	im 7. Bild	Marshall
Ersten Mönchs	im 8. Bild	Jung. Italieners
Zweiten Mönchs	im 8. Bild	Heydner
Vadinet, Dorfschusters	im 10. Bild	Lerat
Jacques, seines Gesellen	im 10. Bild	Pillwein
Frau Vadinet	im 10. Bild	Frau Henkel
Jeannette	im 10. Bild	Mme. Duvernois

Dorfpfarrers	im 10. Bild	Zweiten Pfarrers
Gendarmen	im 10. Bild	Henkel
Köchler, Wirts	im 11. Bild	Henkel
Frau Köchler, Wirtin	im 11. Bild	Frau Henkel
Mutter Weber	im 11. Bild	Frau Patz
Witterschlick, Sparkassendirektors	im 11. Bild	Jackson
Kropfgans, Kaufmanns	im 11. Bild	Marshall
Geishügel, Steuerbeamten	im 11. Bild	Brohl
Girgenrath, Invaliden	im 11. Bild	Heydner
Lamparenne, belg. Premiers	im 12. Bild	Heydner
Clarkson, amerik. Botschafters	im 12. Bild	Jackson
Bertolotti, ital. Botschafters	im 12. Bild	Älteren Italieners
Yoshitomo, japan. Botschafters	im 12. Bild	Älteren Japaners
Tsatanaku, eines Japaners	im 12. Bild	Jüngeren Japaners
Dupin, Kardinals und Erzbischofs	im 12. Bild	Ersten Pfarrers
Palm, Gen.-Superintendenten	im 12. Bild	Zweiten Pfarrers
Dr. Forbach, Oberrabbiners	im 12. Bild	Spärlich
Professor Dr. Steppach	im 12. Bild	Brohl
Prälaten	im 12. Bild	Jung. Italieners
Trolliet (a.d. Gruppe Lamparennes)	im 12. Bild	Vernier
Schriftführers	im 12. Bild	Pillwein
Zwischenrufer	im 2. und 3. Bild	

Deutschen und	im 4. Bild	
französischen Offiziere	im 4. Bild	
Verschiedenen	im 8. Bild	Beliebige
(Erster bis Elfter)		Darsteller
Zeitungsjungen, Weiber	im 8. Bild	der Teilnehmer
Dorfbewohner	im 10. Bild	des Ausflugs
Gharrier	im 12. Bild	
(a.d. Gruppe Lamparennes)		
Vertreter	im 12. Bild	
verschiedener Staaten		
Stimmen von der Straße	im 12. Bild	
Beamten und Lakaien	im 12. Bild	

Die große Pause nach dem 9. Bild
Je eine kleinere Pause nach dem 4., 11. und 12. Bild